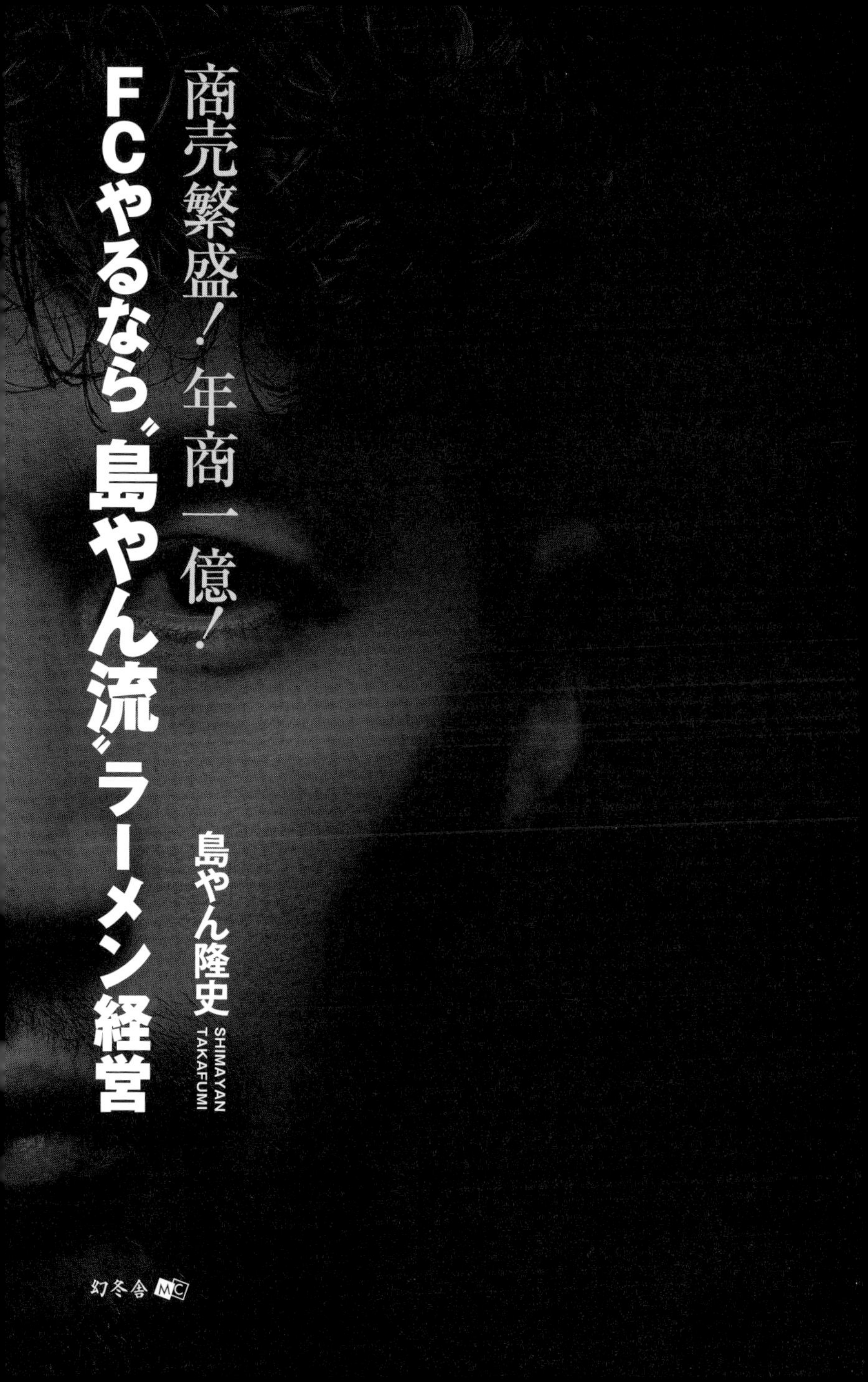

商売繁盛！年商一億！

FCやるなら〝島やん流〟ラーメン経営

島やん隆史
SHIMAYAN TAKAFUMI

幻冬舎MC

商売繁盛！

FCやるなら〝島やん流〟ラーメン経営

島やん隆史
SHIMAYAN TAKAFUMI

年商一億！

はじめに

フランチャイズ（ＦＣ）は、新事業の展開を考える企業や独立を検討している人にとって有効な手段です。開業から運営までの支援がパッケージ化されているため、独自に事業を始める場合と比べて手間と時間を軽減でき、安定的に収益を得ることができます。

一方で、ＦＣ開業で失敗したという例が少なくないのも事実です。まず資金の見通しが甘かったというケースが挙げられます。開業に向けて必要なものをそろえていたら資金がなくなってしまった、または開業はできたものの人件費や家賃の負担が大きく資金繰りが苦しくなったなど、比較的初期段階で起こりがちな失敗事例です。

また、オーナーが本部のアドバイスを聞かずに自己流で経営してしまう場合もあります。自分がオーナーなのだから自由にビジネスを進めたい、本部からのアドバイスが納得できない……。こうした理由から事業経験、業界経験、管理経験がないのにもかかわらず自己流で運営する人も一定数おり、これらのケースは失敗に終わることがほとんどです。

このほか、サポート体制が充実していないＦＣ本部を選んでしまい、事前研修や資金計画書の作成サポート、融資紹介や設備のリース紹介といったガイダンスが不十分なまま開業に踏み切り初期段階でつまずいてしまうこともあります。つまりＦＣで成功するには、失敗事例からも分かるとおり、あらゆる観点から事前の調査・準備を徹底して行うことが不可欠なのです。

私は2009年にラーメン屋を開き、翌年から多店舗展開を始めました。その後、自分の店を繁盛店に成長させた実績を買われてラーメン屋開業のプロデュースを頼まれるようになり、現在は直営6店舗を運営し、FCでラーメン屋を開きたい企業や個人をサポートしています。FC店舗は、最初に出店した年から5年間で海外を含め60店舗に増え、なかにはミシュランのビブグルマンに選ばれている店舗もあります。

これまでの経験と実績からいえるのは、**FCで開業するならラーメン屋一択**だということです。

老若男女問わず愛されているラーメンは不況に強く、安定した需要が見込めます。リーマンショックなどで外食産業が落ち込んだときでも麺類市場は安定していましたし、私のFCにおいては、**コロナ禍で過去最高の売上を達成した店舗**も複数ありました。また、数人のアルバイトだけで運営できるほどの店舗面積の場合が多く、人手不足に陥るリスクが小さいのが特長です。

一方で競合が多いというのも事実です。しかし、ラーメン屋は地域に根ざした商売ですので、競合店となる飲食店の出店動向や地域の人の属性や嗜好性を細かく調査すれば、たとえ競合がいても人気店になることは可能です。

例えば、学生が多い街と高齢者が多い街では売れるラーメンの種類が違います。このような調査を個人で行うのは手間と時間と費用が掛かります。競合が多い地域で生き残る戦略を考えるにしても個人では限界がありますが、そこをカバーできるのが私の〝島やん流〟FCメソッドです。


さらに、私が提供するラーメンFCでは、個人での独立を検討している人には直営店で1年間修業してもらい、運営のやり方を身につけてもらい300万円の開業資金を援助する取り組みを行っています。またオーナーや店長候補の人も一定期間本部での研修に参加してもらい、現場のオペレーションやマネジメント方法を徹底的に教え込むため、ノウハウ不足や我流に走ってしまい失敗するというケースはありません。

さらに安定的な収益が見込める出店場所の選定から物件探しまで代行します。出店場所が決まったら競合店の調査を行い、その情報を踏まえて味つけやメニューを検討し、繁盛店をつくってきたデータを活用して、外装、内装、食器なども一つひとつ細かくプロデュースします。開店前の多くの工程をFC本部が引き受けるため、オーナーが煩雑な作業に追われることはありません。

このように充実したサポートのもと、お客様のニーズを見極めた店舗設計を行い、圧倒的なリピート率を維持し、安定して収益を上げる――。これが〝島やん流〟ＦＣメソッドなのです。

本書は、私が独自に確立したＦＣメソッドを解説し、繁盛するラーメン屋のつくり方をまとめたものです。新たにＦＣビジネスを始めたいと考えている経営者にとって、この一冊が大きなヒントになれば幸いです。

第3章 どんなエリアでも、お客様のニーズを見極めれば必ず勝てる儲かるラーメンFC！〝島やん流〟3つのポイント

味づくり

店づくり

人づくり

第4章 エリア選定、店舗設計、オペレーション構築……実践！儲けを生み出す〝島やん流〟ラーメンFC

第5章 〝島やん流〟ラーメンFCの「仕組み」を本業に活かせば中小企業はさらに発展していく

安定しない
利益率と、
慢性的な
人材不足——。

第1章

経営者がはまってしまいがちなFCの落とし穴

身近だけど意外に知られていないＦＣの仕組み

フランチャイズチェーン（ＦＣ）とは、事業に必要な商品やノウハウをパッケージ化し、パッケージを活用して開業、運営する方式のことです。身近なところでは、小売業のコンビニエンスストアはＦＣが多く、飲食業ならラーメン屋やファミリーレストラン、居酒屋のＦＣがあります。ほかにもクリーニング店、学習塾、貴金属の買い取り店、ガソリンスタンドなど、ＦＣは私たちの生活と社会に浸透しています。

ＦＣの構造を見てみると、ＦＣ本部とＦＣ加盟店があります。本部はＦＣ本体を運営する会社で、フランチャイザーとも呼ばれます。

ＦＣ本部は加盟店に向け商品、ブランド名、店舗開業や運営ノウハウを提供します。ノウハウは、サービスや人材育成のマニュアル提供、販促と宣伝方法などの指導、加盟店の雇用の支援、売上と経費の管理などで、新商品の提供や仕入れ先の開拓と確保なども本部の役目に含まれます。また、統一したやり方を確立し、加盟店を通じて多店舗展開することにより、短期間での開業支援を展開しながら経営を効率化しています。

一方のＦＣ加盟店はＦＣ本部とは別の会社で、フランチャイジーと呼ばれます。法人や個人事業主が加盟店のオーナーとなり、ＦＣ本部と契約を結ぶことにより、商品やノウハウなどの

フランチャイズの仕組み

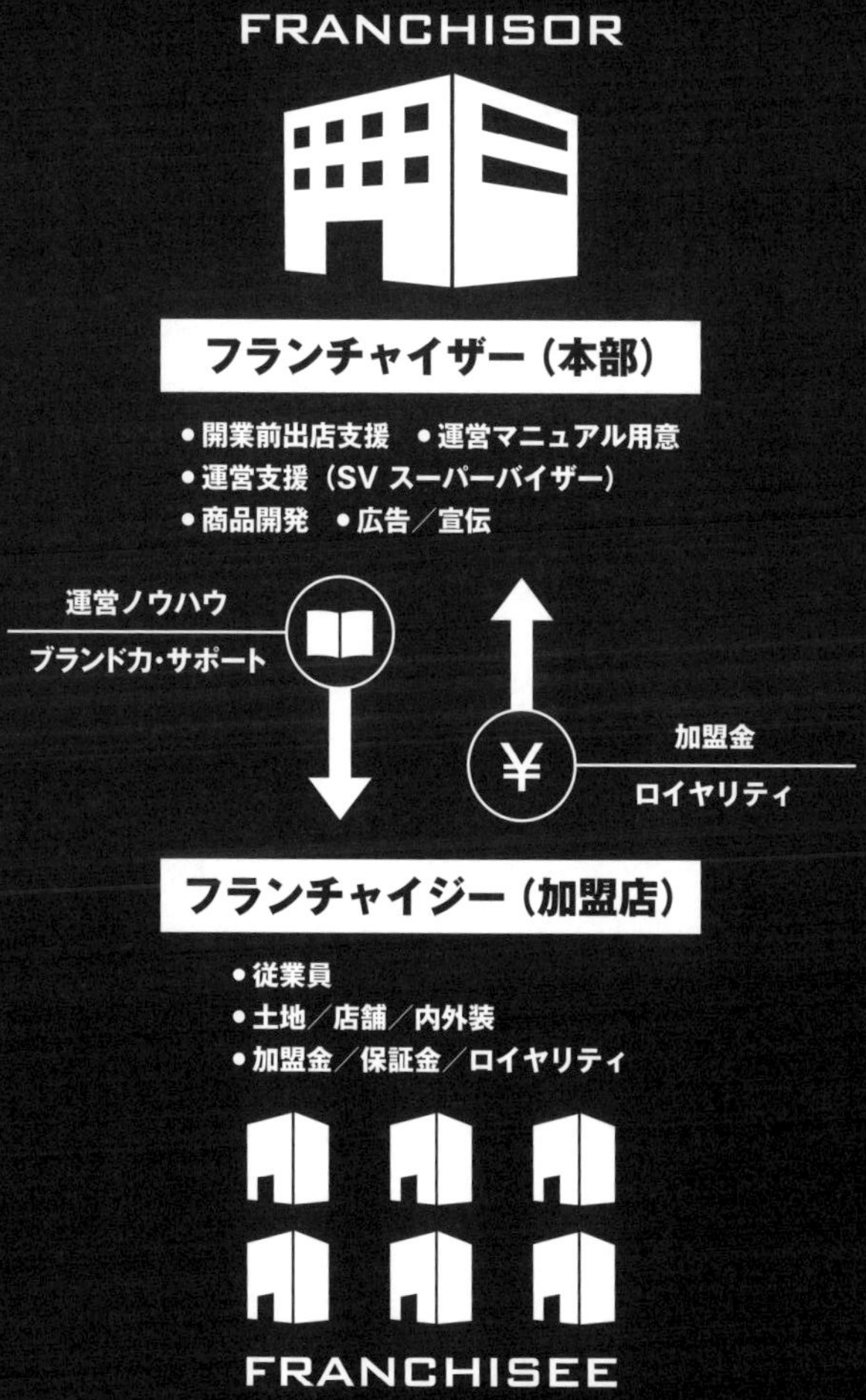
FRANCHISOR
フランチャイザー（本部）
•開業前出店支援　•運営マニュアル用意
•運営支援（SV スーパーバイザー）
•商品開発　•広告／宣伝
運営ノウハウ
ブランド力・サポート
¥
加盟金
ロイヤリティ
フランチャイジー（加盟店）
•従業員
•土地／店舗／内外装
•加盟金／保証金／ロイヤリティ
FRANCHISEE

提供を受けたり、商標を使ったりでき、対価としてFC本部にロイヤリティを払います。

FCによっては、FC本部が直接運営する店舗、つまり直営店をもっていることもあります。直営店はFCチェーンに対比してレギュラーチェーンともいわれます。

FCは直営店と加盟店を含めた全FCの統一性を重視します。そのため、消費者は自分が利用した店が直営店か加盟店か判別できません。どの店でも同じ商品があり、同じサービスが受けられることが安心感につながっています。

FC契約とロイヤリティの種類

FCは契約内容やロイヤリティの払い方の違いなどから、主に3種類に分けることができます。

最も多いのはビジネス・フォーマット型で本部が加盟店にFC事業のノウハウを提供する契約形態です。ただし、店舗が必要な場合はオーナーが自分で探し、本部の規定や指示を踏まえて内装や外装の工事なども担います。

ターンキー型は開業に必要な設備とノウハウがすべてそろうタイプです。コンビニを例にすると、ＦＣ本部が出店場所をリサーチし、店舗を用意します。加盟店オーナーは一定の研修を受ければ、あとは店舗の鍵を回すだけ（＝ターンキー）ですぐに開業できます。

コンバージョン型はＦＣ本部と同じ業種の企業や個人がグループに入るタイプです。例えば、個人で不動産会社を経営している人が大手不動産チェーンのＦＣとなり、大看板を掲げたり、営業や人材育成のノウハウを活用できるようになったりするケースが含まれます。

ＦＣ加盟店がノウハウなどの提供を受ける対価としてＦＣ本部に支払うロイヤリティは、主に５つの算出方法があります。

１つ目は、粗利益配分方式です。一定期間の粗利（売上総利益。売上から原価を引いた金額）によってロイヤリティが変わる仕組みで、コンビニなどで採用されています。

２つ目は売上高比例方式です。一定期間の売上高によってロイヤリティが変わる仕組みで、外食産業で多く採用されています。

３つ目は定額方式で売上とロイヤリティが比例せず、一定額のロイヤリティを支払います。テイクアウト弁当のＦＣなどで採用されています。

４つ目は営業規模比例方式で店舗の面積、建物の場合は部屋数でロイヤリティを算出する仕組みです。居酒屋などで多く採用されています。

５つ目は商品供給代替方式でＦＣ本部から仕入れる商品にロイヤリティを含む仕組みです。

大手ラーメンＦＣなどで採用されています。

加盟店にとって大事なのは利益がいくら残るかです。売上の見込みや手数料のパーセンテージを確認し、必要な利益が残るかどうか計算することが重要です。

ＦＣ加盟の３つのメリット

ＦＣ加盟店となるメリットは３つあります。

メリット①開業に掛かる時間、手間、リスクを抑えられる

自分で最初から事業を立ち上げるのは大変です。さまざまな準備と手続きがあり、手間と時間が掛かります。店舗型事業を例にすると、まず出店エリアの選定から始まり、店舗コンセプトの決定、商品の仕入れ先の確保、人材の確保と育成マニュアルの作成といった準備が必要です。人を雇ったり、制服の色などを決めたり、飲食店の場合は什器《じゅうき》を選んだり、細かなことを言い出したらキリがないほど、考えることと決めることがあります。

ＦＣならこのような準備に掛かる時間と手間を大幅に軽減できます。ＦＣは、事業の内容、計画、商品と仕入れ先が準備されていますし、場合によっては店舗も用意され、スタッフ募集までやってくれることもあるパッケージ型事業で、開業するまでの作業がほとんど不要です。一般的に、未経験の業界で事業を始める場合はリスクがあります。しかし、ＦＣなら開業時のリスクなどをＦＣ本部が把握し、解決策を盛り込んだノウハウを提供してくれるため低リスクで事業を始められます。

メリット②経営課題の解決を支援してもらえる

２つ目のメリットは開業後経営が安定しやすくなることです。事業ではさまざまなトラブルが起きるものです。綿密に事業計画を立てても実際には儲からない、人が育たない、人が辞めていくといった課題が生じ、経営が行き詰まることもあります。

ＦＣはそのような課題もＦＣ本部の支援を受けながら解決することができます。例えば、利益の課題は本部から売上アップのアドバイスを受けたり、共同購買の仕組みで商品を安く買ったりすることなどによって解決でき、本部の営業マニュアルや育成マニュアルを使うことができます。支援を受けることで経営者は課題解決のために使う時間や労力を抑えることができ、お客様満足度と従業員満足度を高める施策を考えたり、事業拡大の計画を練ったりできるといった経営者本来の役割に専念できます。

メリット③ネームバリューで集客できる

3つ目のメリットは信用を獲得できることです。信頼は一朝一夕では築けません。「あの店なら安心」「あの店はおいしい」と評価されるためには時間、労力、コストが掛かります。その点、FCはネームバリューがありますし、知名度を高めるためテレビやラジオのCM、新聞の折り込みチラシ、ポスター広告などで宣伝もします。加盟店はその効果によって、開業初日から「あの店なら安心」と感じるファンを集客できます。

加盟店オーナーはカネとヒトで失敗する

FCはメリットを活かすことで開業のハードルが低くなり、開業後の経営も安定する一方で失敗する人も一定数いるのが現実です。大きな原因は加盟店オーナーがカネとヒトの落とし穴にはまってしまうことが挙げられます。

経営資源をヒト、モノ、カネ、情報に分けると、まずモノ（商品）はＦＣ本部から提供されます。モノの供給が確保できるだけでなく仕入れ先も確保され、仕入れ価格などの交渉も新商品の開発も本部に任せることができます。

情報も本部から提供されます。開業前であれば市場動向や商圏内の競合に関する情報が入手できますし、開業後は運営や人材育成のノウハウなどが貴重な情報になります。

自力で一から事業を興すケースと比べれば、この２つがそろうだけでもだいぶ有利です。しかし、事業を成功させるために必要な残り２つのカネとヒトでつまずくことが多いのです。

カネは店舗などを運営し続けていくための売上と利益です。ＦＣ本部は、売れる商品の開発や効果的な販促方法を提供しますが、実際にお客様を呼び、リピートさせるのは加盟店です。また、事業をレベルアップしていくために、稼いだお金を店や従業員に投資することも加盟店オーナーの役目です。

ヒトは店舗などを運営していく人材です。ＦＣ本部は従業員の育成マニュアルを提供したり採用活動の支援をしたりしますが、優秀な人を選ぶのは加盟店オーナーです。採用した従業員を育てることも、長く働きたいと思う環境をつくることも加盟店オーナーの役割なのですが、カネの問題と同じくそう簡単なものではありません。

売上が伸び悩み、利益が不安定になる2つの理由

カネの問題として、売上が伸び悩んだり、利益が不安定になったりする原因はいくつか考えられます。

1つ目の理由として、外部環境の面で例えば、不況の影響に耐えられるかどうかが挙げられます。景気の浮き沈みを中長期で見ると、1990年代初めのバブル経済崩壊以来、阪神・淡路大震災、リーマンショック、東日本大震災、コロナ禍といったように、10年に一度くらいは不況が訪れています。FCで成功するには不況の波を乗り越えていかなければなりませんので、FC選びの観点では、**不況に強い業種か、市場の成長性がある業界かを中長期の視点で見極める**必要があります。

失敗するオーナーはこの視点が欠けていることが多く、一時的な流行に乗って開業し、ブームが終わることによって売上が大きく減ります。好不況のサイクルが早い商品は景気の影響を受けやすく、また、価格帯が高い商品、ぜいたく品に属する商品と、それらを扱う業界は不況になると経営難に陥る可能性が大きいといえます。日常生活に密着した商品は景気との連動性が低く、好景気の波に乗って売上が大きく伸びる可能性は低くなりますが、不況になっても経営は比較的安定しやすいといえます。

カネに関係する外部環境として、FCの商品力やブランド力にも影響を受けます。FCは、FCが開発した商品などをFCのブランドで販売するのが一般的です。また、FCはFC本部やほかの加盟店が組織する一つのグループであり、FCのブランドなどを共有することによって一心同体に近い関係性を構築しています。そのため、FC本部が提供する商品で不良品が発生したり、FC本部やほかの加盟店で不祥事が起きたりすることによって売上が低下することがあります。

2つ目の理由は、内部環境の面で例えば、加盟店オーナーの性格や考え方が原因となることが挙げられます。特に「自分らしく経営したい」「自分のアイデアを形にしたい」と考えるオーナーは注意が必要です。FCはFC本部と加盟店との契約ですから、基本的にはFC本部が定めた方法で店舗などを運営するため、販売する商品、サービス方針、販売金額、仕入れ先、キャンペーン内容などについてFC本部の許可なく加盟店が勝手に変えることはできません。「自分らしく」と考えるタイプの人は、これらの制約を守れません。例えば、FC本部が提供する接客マニュアルは、そのとおりに実行することで着実にお客様に喜ばれ、ファンが増えるようになっていますが、「自分らしく」と考える人は自己流の接客をします。独自に考えた新しい商品をつくったり販売したりします。独自性を出すことでブランドを毀損し、売上が伸びにくくなったり利益が不安定になったりするのです。

人を集め、定着させる仕組みがない

ヒトの問題については、外部環境として人手不足が深刻化しています。そもそも人が集めづらい時代ですので、店舗などの運営に何人も必要な業態は人手不足になるリスクが大きく、失敗する可能性も大きくなります。

ブラック企業にも人は集まりません。人を雇う以上は労働基準法に即した働き方を確立する必要があり、雇用契約書を準備したり税務処理をしたりする必要もあります。ＳＮＳでブラックな実態はすぐに周知され、働き手が寄り付かなくなります。

ここはＦＣの活用で解決できるところです。自力で開業する場合は法律などについて自分で勉強しなければなりませんが、ＦＣ本部が法律を踏まえた雇用のノウハウを提供してくれます。

ただし、正しい雇用の体制をつくることは当たり前のことであり、あくまで基本に過ぎません。働き手を確保するためには「ここで働きたい」「長く働きたい」と思える環境をつくる必要があります。

そのためには、仕事のやりがいや価値を従業員に伝えることが重要です。成長を実感でき、楽しく仕事ができる育成の仕組みをつくることも大事です。

加盟店オーナーのなかには、「給料や時給を上げれば人が集まる」と考える人がいますが、働き手はお金をもらうだけでは満足しません。自分の仕事が誰の役に立っているか、誰が喜び、社会にどんな価値を提供しているかといったことが分かることにより、一生懸命に仕事をしようと思いますし、長く働きたいと思います。特にこうした傾向は若い世代に顕著だと思います。

ＦＣで失敗する加盟店オーナーはヒトに関する戦略もないため従業員が集まらず、定着しません。人が辞めるため常に新たな人を採用しなければならず、その都度、採用活動のコストが掛かり、利益が減る悪循環に陥っていきます。

ＦＣで成功するためには、長期的、かつ安定的に利益が得られ、ヒトが集まり、定着しやすい仕組みをつくることが重要です。ＦＣ選びでは、ＦＣが提供するモノと情報の良し悪し以上に、景気や流行が変化するなかでもきちんと稼ぎ続けられるか、働き手を確保しやすい業界かどうかを精査することが大事です。

不況に強い！
圧倒的なリピート率！
安定した利益率！

第2章

FCやるなら、ラーメン屋経営一択！

飲食店FCならカネとヒトを確保できる

FCで開業する場合、独立起業や事業拡大の目的と合致し、安定的に収入を得られるのであればコンビニでもクリーニングでもよいと思います。

しかし、私は数あるFCの業種のなかで**飲食店が最強で最善**と思っています。独立起業を考えている人にも既存事業の拡大としてFCを検討している人にも、飲食店FCが最も成功しやすいことを強く伝えたいと思っています。

私は2009年に個人でラーメン屋を始めました。以来、直営店、プロデュース店、そしてFC加盟店を含めて60店以上のラーメン屋と関わっています。

飲食店FCがよいと思う理由は、飲食はおなかも心も満たせる仕事であり、その魅力を感じている人に対して適切な労働条件さえ提示できればヒトを確保することは難しくないからです。

飲食は人が生きていくうえで欠かせません。おいしい料理と楽しい食事の環境を提供することで世の中を満足させることができます。飲食店は、家族や友達などと楽しく時間を過ごすときの舞台になります。何かの祝いをしたり、大事な商談をしたり、デートをしたりするときも飲食店を使いますし、ご当地ラーメンを食べに行ったり、インバウンドの外国人が日本の食べ物を楽しんだり、旅行する際の目的にもなり得ます。

飲食店では喜んでいる人の顔が見えます。これはほかの事業には少ない長所です。コンビニやテイクアウト弁当の店なども消費者と接点がありますが、これらは食べ物を家に持って帰る中食ですから、食べている姿や楽しく食事をしている様子が見られません。飲食店は、おいしく楽しく過ごしている様子を間近で見られるため、仕事のやりがいや楽しさを実感しやすくなります。

楽しいことは長続きします。長く続くから研究でき、その結果はお客様の獲得と利益の安定につながります。

また、楽しい仕事であることが伝われば働き手も集まってきます。技術や能力が伸びることで従業員のモチベーションが維持しやすくなり、定着率も良くなります。つまり飲食のFCはFCの失敗につながる2つの落とし穴の解決策にもなります。

ラーメン屋は不況に強い

長く店舗を続けていくためには利益の安定性が大事です。そのことを踏まえると、飲食FC選びでは利益の源泉である新規のお客様とリピーターを惹きつけることができる業界を選ぶことが重要で、その点で見るとラーメン屋が優れています。不況に強いからです。

景気と飲食店経営の関係性を見ると、**不況になると飲食業全体としては業績が下がります。**消費者の収入が減ったり、減りそうな雰囲気が漂い始めたりすることで、多くの人が「まずは外食を減らそう」と考えるからです。データを見ても、外食産業全体の市場規模はバブル経済のときには大きく成長し、バブル経済が崩壊して30年の不況と呼ばれる期間では縮小傾向に変わりました。

しかし、うどん、そば、ラーメンなど麺類の市場はほとんど影響なく、横ばいで推移しています。不況で外食を控えようと考えたときに、ほとんどの人は値段が高い外食から減らそうと考えます。1回の外食で数千円から1万円以上になる寿司、すき焼き、ステーキといった高級な外食と比べて、1食1000円程度の庶民的な料理は不況の影響を受けにくいのです。

新規とリピートを獲得する点では、ラーメンはファンが多いことが強みです。ラーメンは中国由来の料理ですが、いまや日本の国民食の一つになっています。関東の醤油ラーメン、福岡の豚骨ラーメン、北海道の味噌ラーメンなど地域の味覚に合わせたバリエーションの進化があり、地域によってはご当地ラーメンのようなソウルフードにもなっています。海外でもラーメンは日本食というイメージが強く、インバウンドの観光客が日本で食べたい料理のなかでラーメンはトップクラスの常連です。

日経平均株価（終値）推移と外食産業全体
及び うどん・そば・ラーメン店市場規模 推移

【1983年～2009年】

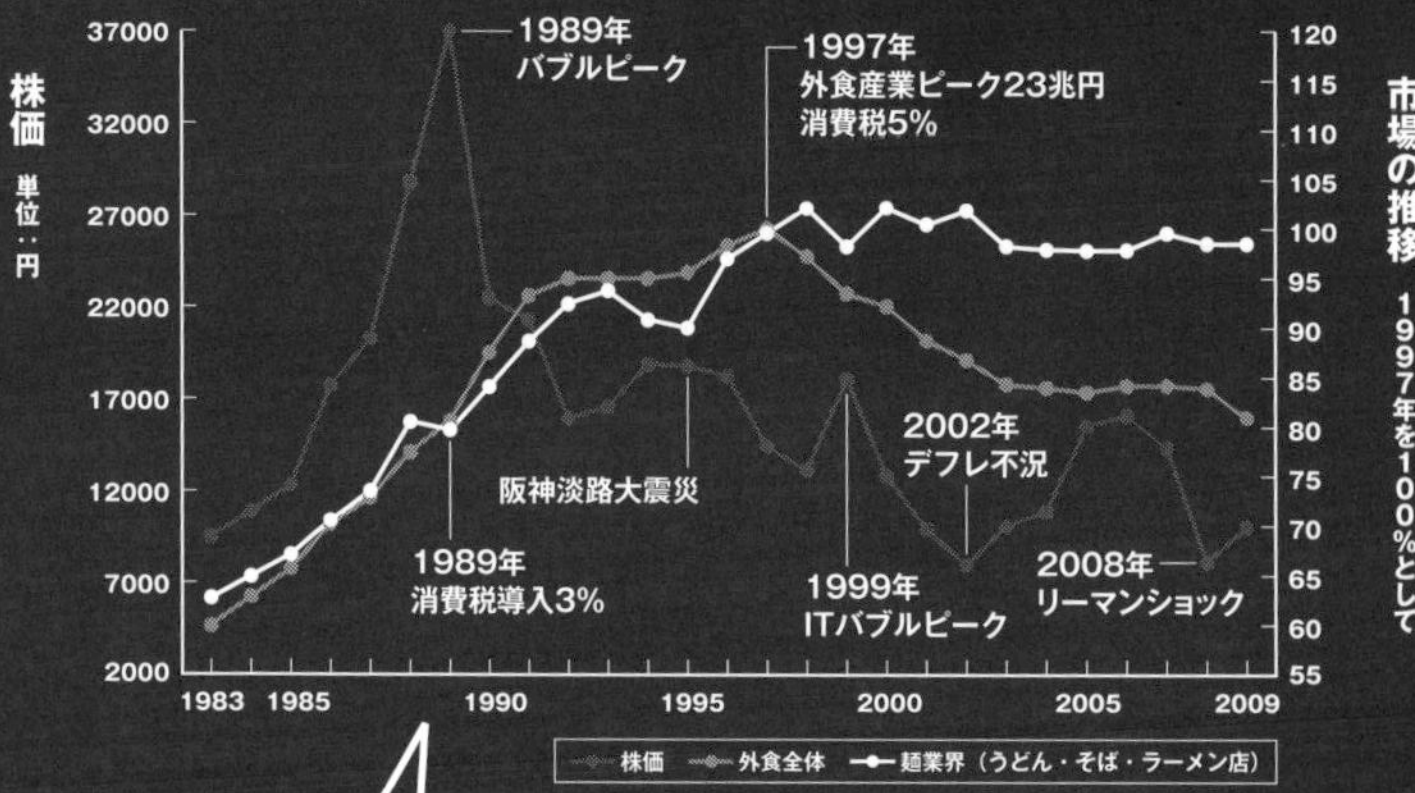

未曾有のときでも強いのが麺業界

【2009年～2020年】

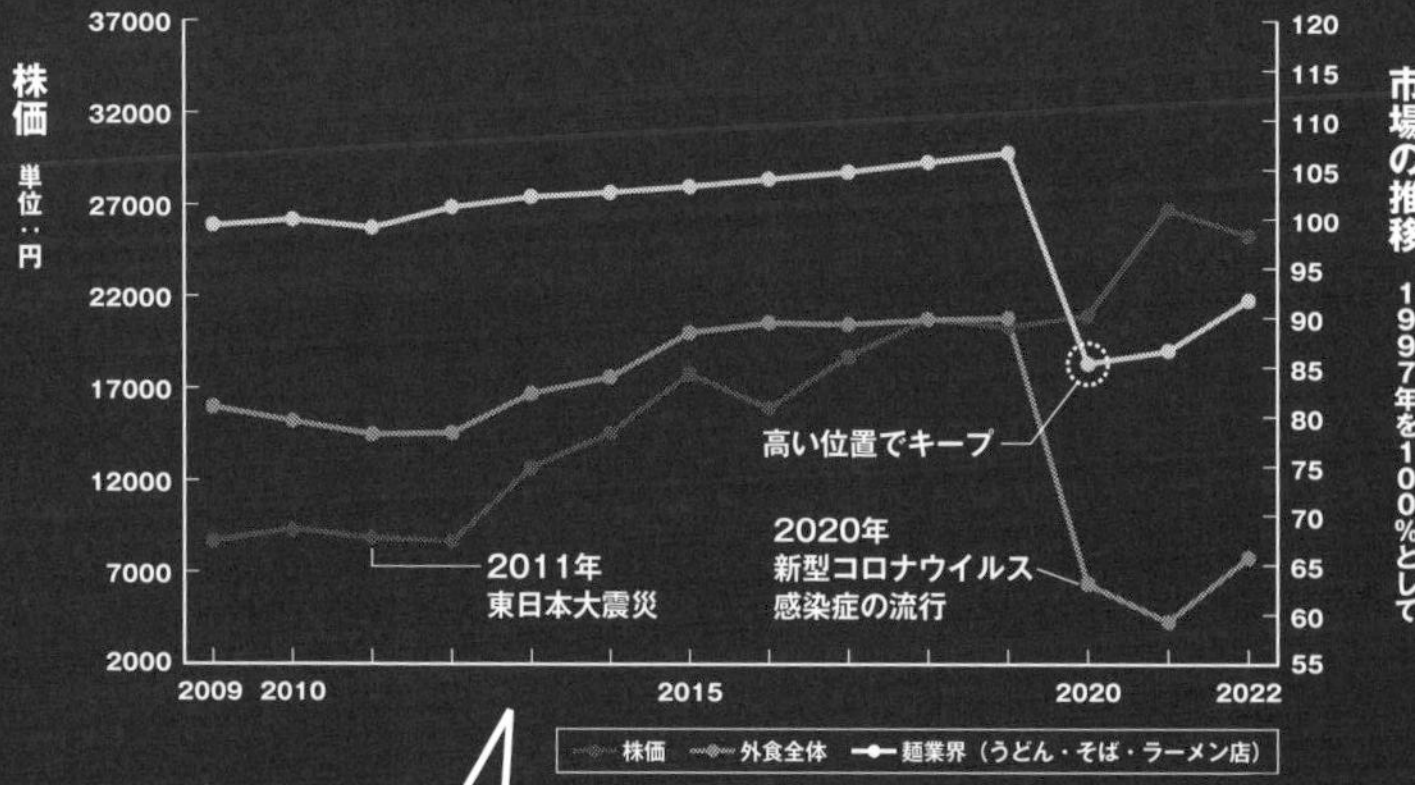

不況時でも安定の麺業界

出典：フジ経済マーケティング便覧を基に著者作成

また、ラーメン業界では豚骨ラーメン、つけ麺、家系ラーメン、二郎系ラーメンといったブームが定期的に生まれ、業界全体としてブームが途切れることなく続いています。その結果として業界全体も安定して成長をしていますし、店舗数でラーメン屋の数がうどん屋やそば屋を上回っているのも広く愛される料理であることを示し、人々の生活と地域に浸透している料理だからこそ、景気に関係なく集客ができ、利益が安定するのです。

ラーメンは原価をコントロールしやすい

利益との関係性では、ラーメンは価格帯の多様性に対応しやすく、その点でも利益が安定しやすいといえます。

高級な部類の外食は原価が高いだけでなく場所代や人件費なども掛かります。高級料理を提供するためには、きれいな空間や丁寧な接客ができる従業員をそろえる必要があり、その分だけ経費も提供価格も高くなるため、一定額以上の料金を払える人は取り込めますが、安く食べたい人は取り込めません。

その点、ラーメンは街の中華屋であれば1000円未満で食べることができ、手軽に外食したい人の需要を取り込むことができます。一方で、トッピングやだしに高級食材を使ったり提供する空間やサービス内容にこだわったりすることでラーメンを高級料理化することもできます。例えば、東京には１杯３５００円のラーメン屋があります。個室でラーメンを提供する店もあります。

仕入れや材料を工夫して安く提供することができ、付加価値をつけて高く提供することもできる幅広さがラーメンの特徴です。この柔軟な対応力があるからこそ景気動向の変化などに合わせた経営ができるのです。

糖質、脂質、塩分は最強タッグ

ラーメンのファンが多い理由として、おいしいことも重要なポイントです。おいしさは感覚的であり感じ方に個人差がありますが、これには科学的な裏付けがあります。

おいしさは脳が「また食べたい」と判断しているということです。また、脳は、糖質、脂質、塩分３つの組み合わせに反応し、おいしいと判断しています。

例えば、トロの寿司がおいしいと感じるのはトロ（脂質）、米（糖質）、醤油（塩分）の組み合わせだからです。カレーライスも同様に、カレールーには小麦粉の糖質と塩分が含まれ、具材の肉や米（糖質）と組み合わせることで人気料理になっています。カツカレーにするとカツの脂質がさらに高まり、よりおいしくなります。

うどんやそばは麺（糖質）と汁（塩分）の組み合わせで、ラーメンは、この2つに比べて塩分が高いのが特徴です。

うどんだしの塩分はだいたい0・8から1％ほどで、これは人間の体内の塩分とほぼ同じです。和食で出てくるおすましなどの塩分も0・8％ほどで、二日酔いで塩分が失われているときなどにうどんやおすましがすっと体に入ってくるように感じるのも塩分が関係しています。

一方のラーメンは塩分が1・5％ほどあり、濃い味のラーメンは2％を超えるものもあります。この差の分だけ脳への刺激が強く、食べた人の印象に残る要因になっているのです。

また、肉うどんや肉そばを除けば、うどんとそばは脂質が低い料理です。しかし、ラーメンはチャーシューが乗り、香味油やニンニク油などを使うため、おいしさを構成する糖質、脂質、塩分の3つがそろいます。二郎系ラーメンのように味が濃く具材が多いラーメンが人気であるのも塩分と脂質が高いからと説明できます。これらの組み合わせによって**脳が「おいしい」と判断**しているのです。

適度な中毒性が繁盛店をつくる

糖質、脂質、塩分の3つは、脳を刺激するおいしさの3要素であり、この3つは脳にとって中毒性がある要素ともいえます。

例えば、糖質を摂取すると血糖値が急に上がり、快感ホルモンと呼ばれるドーパミンが放出されます。また、膵臓から血糖値を下げるインスリンが分泌されることによって血糖値が下がり、再び糖質を含む料理が食べたくなります。このループが中毒性を生みます。

脂質の中毒性は、ポテトチップスなどジャンクフードがやめられなくなったり、ハンバーガーとポテトのセットがおいしく感じたりするのが分かりやすい例です。

そもそも人の体が塩分を含み、塩がなくなると人は死んでしまいます。また、人の進化の過程を踏まえて、体が本能で水と塩を欲するようにできているため、その結果として人は塩分をおいしく感じ、中毒性が生まれているという説もあります。

糖質、脂質、塩分は中毒性が高過ぎると命に関わります。飲食業は安全で安心できる料理を提供することが大前提ですから、お客様の健康に配慮することは大事です。

しかし、健康第一で糖質、脂質、塩分を最低限まで下げると、体には良いと思いますが脳は喜びません。それではお客様満足にはならずファンも増えません。

言い換えると、中毒にするというと語弊がありますが、**適度に中毒性がある料理を扱うことが商売繁盛につながる**ということです。ゲームやSNSの中毒性が世の中の大きなビジネスにつながっているように、飲食店経営では糖質、脂質、塩分の中毒性を活用することによってお客様の脳をつかむことができます。それができる料理がラーメンであり、ラーメンの適度な中毒性が安定的な利益を生み出しているのです。

ラーメンの適度な中毒性に日本人だけがはまっているわけではありません。国内では海外からのインバウンド客がラーメン店で行列に混じって並んでいる姿を見かけることは珍しくありません。また、有名店のなかにはすでに海外に多くの店舗を展開しているところもあります。「外国人が好きな日本食ランキング」などさまざまなアンケートでもラーメンは常に上位に入っています。いまやラーメンの適度な中毒性はワールドワイドに広がり続けていますので、いずれ海外に店舗展開したいという人に対しても、私たちは積極的にバックアップしていきたいと考えています。

ラーメン屋に注目する経営者増加中！

不況と飲食店の関係でいえば、コロナ禍以降に開業の相談や依頼が増えました。コロナ禍以前は脱サラ志望の人が多く、「ラーメンが好きだからラーメン屋をしたい」「自分の店をもって商売したい」といった動機で相談する人が中心でした。

しかし、コロナ禍になってからは居酒屋や焼き鳥屋などラーメン屋以外の飲食店経営者から新規開業の相談を受ける機会が増えました。美容室のオーナーや不動産会社の経営者など、飲食業以外の人からも相談を受けるようになりました。ラーメン屋を始めて事業のポートフォリオを広げたい、経営を安定させたいという相談が増えたのです。

この変化で大事なのは、**経営者からの相談が増えた**ということです。彼らは商売繁盛のコツや景気の影響などについて理解している経営のプロです。経営の苦労も現場で実感しています。新規事業を生み出す難しさやリスクも理解していますから、そのための手段として手間や時間を省けるＦＣを使おうと考えるのは自然のことだといえます。

ＦＣを使うのであればコンビニやクリーニングなどでもいいはずです。しかし、彼らはラーメン屋を選んでいるのです。

その理由は、**ラーメン屋が不況に強い**と気づいたからです。大衆系ラーメンにも高級系ラーメンにも柔軟に対応できる点を見て、事業展開の自由度が高いところを評価し、あるいはアフターコロナのインバウンド需要を見越しているのだと思います。

いずれにしてもラーメン屋には業界内外の経営者が注目する魅力があり、その魅力が理解されつつあるということです。

不況に強く、中毒性を通じたリピーターを獲得しやすく、その結果として安定経営が実現できることを客観的なデータが裏付けていますし、経営者からの相談が増えているという事実が、FCならラーメン屋が最適解であることを示しているのです。

どんなエリアでも、お客様のニーズを見極めれば必ず勝てる

第3章

儲かるラーメンFC！

〝島やん流〟3つのポイント

「つくりたいもの」ではなく「売れるもの」をつくれ

飲食店FCは失敗しにくく、そのなかでもラーメン屋は安定的に利益が得られる業界です。ラーメンには成功しやすい要素が詰まっています。

しかし、現実には潰れるラーメン屋もたくさんあります。データを見ると、国内では年間で約3万5000軒が出店し､同じ数だけ閉店しています。店の存続率で見ると、1年後には40%、3年後には70%の店が廃業しています。

これには2つの理由があります。1つ目の理由は、失敗するラーメン屋のオーナーが「売れる料理」ではなく「おいしい料理」をつくろうとするため、そして「おいしい料理をつくれば売れる」と思っているためです。

飲食店経営はお客様の支持とお金で成り立つため、売れるものを売れる方法で提供することが大事です。経営の視点でいえば、自分目線でつくりたい商品を市場に出すプロダクトアウトの考えではなく、市場が求める商品やサービスを提供するマーケットインの考えをもつということが重要です。

そもそも、失敗するオーナーは「おいしい料理をつくろう」と考えますが、そのおいしさが具体的にどういう状態を指すのかが明確になっていません。ほとんどの人は、自分が食べてお

閉店した飲食店の営業年数　業態別割合

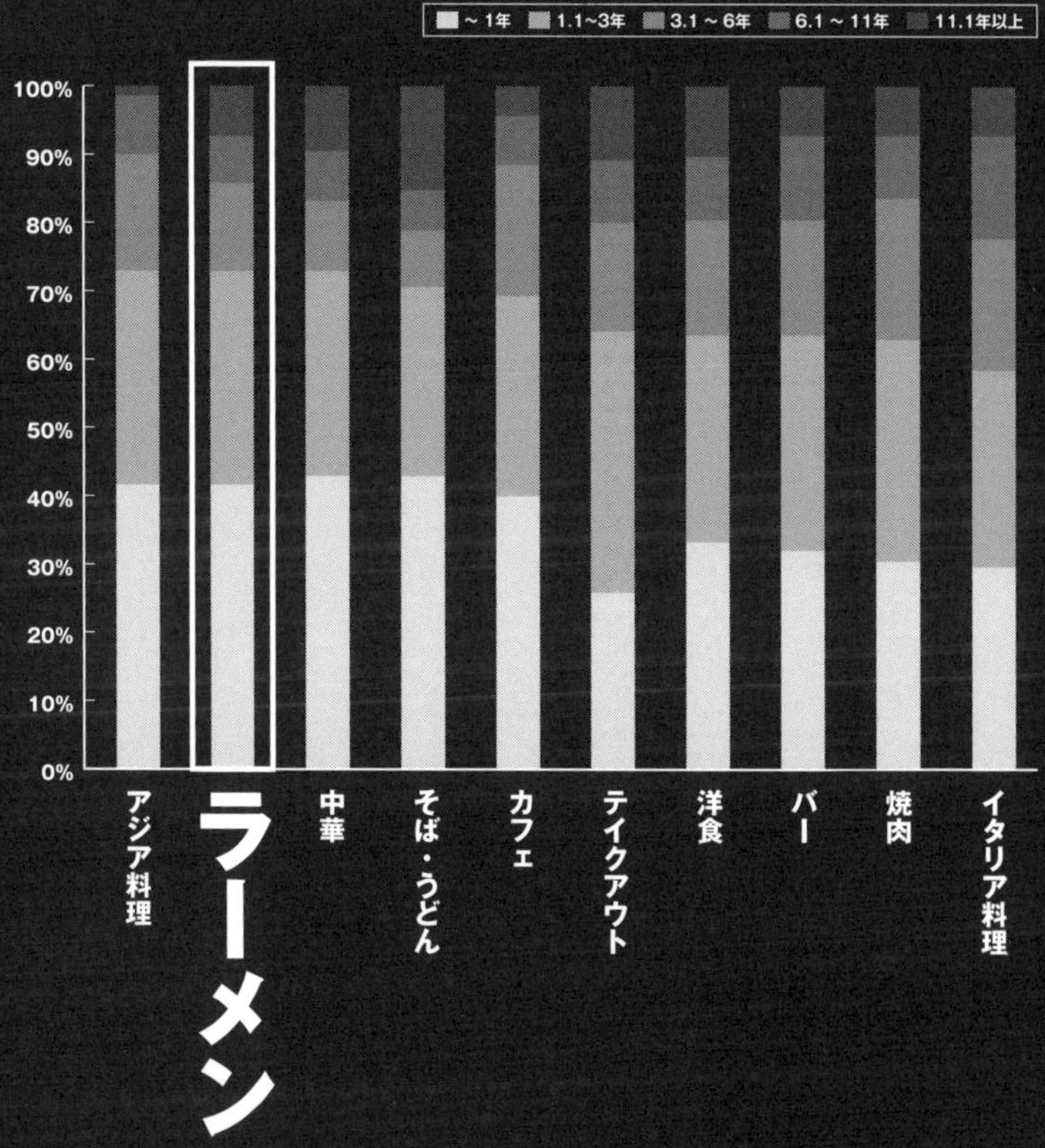

出典：株式会社シンクロフード「閉店した飲食店の業態と営業年数の調査結果（2023年）」を基に著者作成

いしいものがおいしいと考え、個人の感覚だけに頼っています。

マーケットインの考えに照らせば、繁盛店をつくるために大事なのは**地域のターゲットとなるお客様がおいしいと感じるかどうか**です。その考え方が変わらない限り、自分がおいしいと感じる自分好みの料理はできたとしても、お客様には共感されませんし、繁盛店にもならないのです。

97点を98点にしても気づかれない

ラーメン屋の生存率が低くなる2つ目の理由は、**失敗するラーメン屋のオーナーが「味の追求」だけに終始しているため**です。

味は大事です。しかし、おいしさを判断するのは味覚で、これは人の五感の一つに過ぎません。人の脳は、味覚以外の感覚として視覚、聴覚、嗅覚、触覚を通じた情報を総合的に判断しますので、味が良くても、料理の見た目が悪かったり、店の居心地が悪かったりした場合には、そのようなマイナスの情報によっておいしくないと感じることもあるわけです。

視覚の面では、盛り付け、内装、従業員の清潔感などが影響します。店内のＢＧＭや接客する従業員の声の大きさ（聴覚）、だしの香りや厨房から漂ってくる匂い（嗅覚）、器の質感や椅子の座り心地（触覚）も重要です。これらがすべて整い、五感すべてが満たされたときに、「この店はおいしい」「また来よう」と判断するものなのです。

また、世の中で普通に営業している飲食店は、どこもたいていおいしいはずです。味の評価を１００点満点とすれば、生き残っている店はだいたい90点くらい取ります。おいしいと評判の店なら97点くらいです。

ここに落とし穴があります。味に終始するオーナーは97点の味をさらに磨き上げ、98点にしようとするのです。

その努力にまったく意味がないわけではありません。しかし、よほどグルメの人でない限り、**97点が98点になっても気づきません**。失敗するオーナーの多くは、この誤差のような1点のために多くの手間と時間とお金を使っているのです。

ＱＳＣのこだわりが繁盛店をつくる

飲食店を成功させるためにＱＳＣをバランスよく高めることが大事です。Ｑはクオリティで料理の質を指します。Sはサービスで、接客のことです。Cはクレンリネスで、店や従業員の清潔さです。

すでに多くの店が90点以上の料理を提供していることを踏まえれば、そこに時間と労力を使うよりも、60点台や70点台のSやCを高める努力をするほうがQSC全体の点数は高くなります。つまり97点を98点にするのではなく、SとCを磨くことによって、または、その方法を学べるFCを選ぶことによって、Qの追求に終始しているラーメン屋と差別化でき、生存率が高くなります。10年後に5％しか生き残らない業界でも、競合店が次々と潰れても、自分の店は着々と成長し勝ち残っていくことができるのです。

これはFC選びにおいても大事な視点です。ラーメン屋FCは、FC本部から提供される麺とスープを使うことによってQについては一定以上の質を確保できます。本店と同じ味が再現でき、本店の看板で集客することもできます。

しかし、それだけでは不十分です。繁盛店をつくるためにはQSC向上の本質である「味をつくる」「店をつくる」「人をつくる」の3つのポイントすべてについて、どれだけこだわっているか、どれだけ綿密な戦略をもっているかを見て判断することが重要です。

ここに私たちのラーメン屋FCの強みがあり、この3つのポイントをどれだけ訴求できるかでFC経営の成否が分かれると断言できます。私たちのFCは、味へのこだわりはもちろんのこと、それと同じくらい店と人をつくることにもこだわっています。そこがほかのＦＣとの違いであり、私たちのＦＣ加盟店が総じて繁盛し、相談や開業依頼が増えている理由でもあるのです。

味づくり

① 地域のニーズで味を決めろ

１つ目のポイントである「味づくり」では、各加盟店で地域性や時代の変化に合う味をつくり、提供することが私たちのＦＣの特徴です。

一般的なラーメン屋ＦＣは、一品一看板のチェーン展開です。本店で売れているラーメンと同じ麺とスープをＦＣ本部がつくり、本店の看板を使って全国展開します。サイドメニューも本店のコピー・アンド・ペーストで、要するに本店のクローン店を増やします。

この方法の利点は、全国どこでも同じ味のラーメンが食べられることです。ハンバーガーチェーンと同じで、味を統一することで全国展開しやすくなり、お客様側も食べたことのある安心の味だと感じます。

ただ、ラーメンの場合は地域性を考えることが大事です。ラーメンは、ご当地ラーメンがあるように地域によって味が違います。醤油、味噌、豚骨といったスープの違いだけでなく、味の濃さを決める塩分濃度も麺の太さも違います。

例えば、東京を中心に人気がある二郎系ラーメンは麺が太めですし、豚骨ラーメンは細麺です。お好み焼きとご飯を一緒に食べる炭水化物文化の関西では麺のサイドメニューとしてご飯を食べますが、東北や東京ではそのような食べ方はあまり見られません。そのような地域ごとの特性を踏まえ、私たちは地域に根ざし、商圏内の人に支持されるラーメンの味を決めているのです。

このように地域になじむことを重視する戦略を私たちはローカライズ戦略と呼んでいます。これはマーケットインの考えに通じます。商圏内のお客様のニーズに応える味をつくるため、私たちFCは商圏や競合を分析します。その結果として、ラーメンを含むあらゆる飲食店が戦う異種格闘技の商圏で勝ち残りやすいポジションを見つけ、支持される味を導き出します。

② 商圏で勝ち抜き方は決まる

ローカライズするために私たちは商圏と競合を分析します。商圏分析は、その商圏の人口動態や嗜好などをデータと足を使って調べることです。例えば、地域によって収入、家族構成、食費に掛ける金額などが違いますので、そのような情報を踏まえて店のコンセプトや価格設定を考えます。

実際に周辺を歩き回り、どんな属性の人が多いか、どんな店があるかを見ます。店に関しては、ラーメン屋はもちろん、ラーメン屋以外の飲食店も見ます。ラーメン屋以外の店も分析対象とすることで、例えば、ファストフード店が多ければジャンクフードが好きな若い人が多い、高級店が多ければ外食にお金を掛ける人が多いなど、商圏内の人が好む味や外食に関する行動特性が見えやすくなります。

競合の分析はどんなラーメン屋が何軒あるかを見るためのものです。商圏内の繁盛店に食べに行き、味、店、人の３つの点からなぜ売れているのかを分析します。また、糖質、脂質、塩分の３点を踏まえて、商圏内の人たちがおいしいと感じている味を分析し、より中毒性を高めるにはどうすれば良いかを考えます。

醤油、味噌、豚骨といった基本の味の決定は地域の人の好みを踏まえます。しかし、豚骨ラーメンの店が何軒もある商圏で新たに豚骨ラーメンの店を出しても苦戦します。そのようなときは、新しさやインパクトを出すことを狙って、地域になじみがない味のラーメンで出店することを勧めることもあります。例えば、東京で売れている味が濃いラーメンを、薄味を好む関西圏で売るようなケースです。

ただし、そのままの味では塩辛くて受け入れられませんので、最初は塩分を控えめにします。味に慣れてもらいながら徐々に塩分を高め、東京の味に近づけていきます。このような微調整と変化を加えながら、地域に浸透させていきます。

また、既存の豚骨ラーメン屋よりも味、店、人の面で良い店がつくれる可能性があれば、あえて豚骨ラーメンの店を出すことを勧めることもあります。

この選択は競合となる店の味や繁盛度合いを見ながら商圏ごとに考えます。複数の選択肢をもちつつ、より勝ち残りやすい方法で出店することがローカライズの特徴です。

③ 手間が掛かるから価値がある

ローカライズは、地域になじむ味をつくることによって店が商圏内で勝ち残る可能性を高めます。これはほかのＦＣでは行いません。なぜなら一つの味を一つの看板で多店舗展開していく方法と比べて、ローカライズは手間が掛かりますし面倒くさいからです。

FC本部としては、同じ味のスープと麺を大量につくり、加盟店に提供するほうが効率的です。一方のローカライズは、店ごとに異なるスープと麺を開発する必要があります。在庫も量と種類が増えますのでロスが出るリスクも高くなります。

ただ、それはFC本部の考えです。加盟店としては地域に支持されるラーメンを売りたいと思いますし、地域の人たちも自分たちの好みを踏まえたラーメンを食べたいと思うはずです。

そう考えて、私たちはローカライズの徹底をFCの大きな柱にしました。ほかのFCがやらないことにあえて挑戦することが私たちの強みになり、差別化要因になります。また、私たちは「人の役に立つラーメン屋」を会社の使命に掲げているため、その点でもFC本部の視点ではなく、加盟店やお客様の視点に立って出店を支援しています。

ラーメン屋FCのローカライズは希少です。一方で、最近は大手FCがローカライズに力を入れるケースが増えています。例えば、大手コンビニFCは、東京では清涼飲料水が売れ、沖縄では水がよく売れるといった違いを踏まえて、取り扱う商品や陳列方法を変えています。同じ地域内でも、コンビニの立地や周辺に住んでいる人の属性などによって売れ筋が変わるため、若い利用者が多い店はレジ横にスナック類を置き、高齢者が多い店では和菓子を置くといったローカライズを実施しています。

コンビニのような大手FCがローカライズを考えているのですから、ラーメン屋のような個人商店も商圏について理解を深めなければなりません。個人では深く分析できないこともありますが、私たちのようにローカライズを得意とするFCを活用すれば、画一的なFCと差別化でき、ひいては売上アップ、リピーター獲得、商圏での勝ち残りにつながっていくのです。

④ 地方で有効なタイムマシン経営

ラーメンの味は、基本的には情報感度が高いところから低いところへと流れます。流行の発信地はほとんどの場合は東京ですので、東京で流行った味が福岡や大阪で流行り、大阪で受け入れられたら、次は兵庫や京都といった近隣の地域へと順を追って広がっていくケースが多いといえます。

私たちFCでも都市部で人気のラーメンを地方に展開するケースがあります。これは私がタイムマシン経営と読んでいる戦略です。都会への注目が強い地域ほどタイムマシン経営が有効で、その特性も商圏の分析によってどのような店が出店しているか、どんな店が流行っているかを見ることによって明らかにできます。

また、地域に関係なく流行が広がっていくケースもあります。飲食店の場合、例えば、地方にある情報感度の高い店が斬新な料理を生み出し、それが全国に広がったり、もともと地方で当たり前に食べられていたご当地ラーメンが何かのきっかけで注目されたりして全国に広がっていくこともあります。

私たちのFCでいうと、ビブグルマンに選ばれた担担麺の店が神戸にあります。ビブグルマンはミシュランガイドが選ぶ安くてコスパが良いおすすめの店（５０００円以下で食事ができるおすすめレストラン）で、この権威と評価を武器にして、他県にも同じ味、同じ看板の店を展開している例があります。商圏内に似たラーメン屋が多かったり、そのなかでの差別化が難しかったり、地域の名物や観光地となるようなラーメン屋がなかったりする場合、賞を取った店や情報感度が高い店は注目されやすくなり、繁盛店になる可能性が高くなります。

⑤ 時流と流行を見極めろ

タイムマシン経営で難しいのは、都市部で人気となった理由が時流なのか流行なのかを見極めることです。時流は時代の変化を反映し、世の中が求めた結果として人気になるもので、私の感覚では5年から10年の周期で動いています。

例えば、家系ラーメンや二郎系ラーメンなどは時流です。背景として、コロナ禍を前後して日本の景気は頭打ちの状態が続いてきました。ラーメンと景気の関係として、不景気になると味、油分、塩分が濃いラーメンやインパクトがあって分かりやすいラーメンが人気化する傾向があります。家系ラーメンと二郎系ラーメンはまさにその代表的存在ともいえるラーメンで、世相を反映して人気が出たと分析できるのです。

一方の流行は時流より期間が短く、SNSなどのバズりで人気化するものです。一時のタピオカ店や、ひと昔前ならナタデココやパンナコッタなど（知っている人が少ないかもしれませんが）がこのタイプです。

ラーメンにも大小さまざまな流行があります。そもそもラーメン屋は数が多く、オーナーはほかの飲食店から転向してきた人も多いため、独自のスープを研究したり、ほかのジャンルの料理と組み合わせたりして新しいラーメンが生まれます。

また、ラーメンはメディアの注目度が高いコンテンツであるため、そのようなラーメンがテレビなどで取り上げられることでバズる機会も多いといえます。そのような背景から革新的なラーメンが流行り、その多くが短期の流行として忘れられていくのです。

流行りが生まれることは業界の注目度が高まることにつながるため、ラーメン業界にいる一人としてはうれしいことです。しかし、ラーメン屋FCの経営者としては、商圏に根ざし、10年後も勝ち残っている加盟店を増やすことが使命です。そのため短命で終わる可能性がある流行に乗る出店は勧めませんし、むしろ警戒します。タイムマシン経営で出店するためには、景気や消費者の思考などを含む世の中全体の変化、ラーメン業界以外の人気料理、ラーメン業界内での過去の流行り廃りなどを幅広く見ながら、店の主軸とする味を選ぶ必要があるのです。

この知見はFCだから提供できることの一つです。個人で出店する場合は世相までは細かく見ないケースがほとんどです。そのせいで味の選択を間違えたり、一時的なブームの末期に出店してしまったりするような失敗は避けなければいけません。

⑥繁盛店のノウハウは応用できる

一品一看板のFCとの違いとして、私たちの加盟店はラーメンが主軸ですが、それ以外の料理をメインにして出店することもできます。

プロデュースや加盟店の例としては、親子丼の店があります。もともとそば屋でしたが、オーナーと相談し、人気メニューを食べ比べしていくなかで、親子丼を主軸とした店にリニューアルすることにしました。

うどん屋のプロデュースもしています。うどんは小麦粉由来の麺とだしの組み合わせですので糖質と塩分はありますが、ラーメンと比べると脂質がほぼありません。そこで脂質である肉を乗せた肉うどんにすることによって、糖質、脂質、塩分の3つによる中毒性のある商品にしました。

どの店においても味はローカライズしますが、プロデュースしたり支援したりする店が増えるほど、売れる味のつくり方の方程式のようなものが見えてきます。時流も見ますし、ローカライズのために商圏や競合の分析もしますが、商圏のニーズをつかむために押さえるポイントがあり、実績が増えるほど慣れるものです。

そのため、繁盛しているラーメン屋の例を応用して別の料理の店をつくることもできますし、分析のノウハウが貯まっていくため、ローカライズする開業でも短時間で開店できるようになります。これも私たちラーメン屋FCの強みの一つです。ラーメン屋のみのFCは出店したい商圏がラーメン屋で飽和状態だったとしたら手が打てませんが、私はラーメン屋開業のノウハウを活かして別の出店計画を立て、支援することができるのです。

⑦ 絶対にすべらないラーメン屋とは

複数の味がつくれるノウハウがあると、出店後にラーメンの味を変えることも可能です。一品一看板のFCは、そのメインに据えようとしている味が商圏内でウケなかった場合に次の手が打てません。オーナーが再挑戦するためには別のＦＣを探すことになり、それまで加盟していたFCの看板などが使えなくなるため店舗の改装が必要になります。

しかし、複数の味がつくれれば路線変更できます。ラーメン屋経営を、ソフトであるラーメンとハードである店舗に分けると、ハードを変えることなくソフトだけを変えることができ、店舗の改装を最小限に抑えながら、場合によってはまったく改装することなく別の店につくり直すことができます。この特徴を活かすことで、失敗のリスクを抑えることができます。また、ラーメンの種類の数だけ再挑戦できる不死身の状態になり、「絶対にすべらないラーメン屋」をもつことができます。

私たちのFCは、大枠としては、つけ麺、鶏白湯《とりぱいたん》、担担麺、中華そばといったジャンルがあり、それ以外にも対応します。そのため、つけ麺がウケなければ鶏白湯にする、担担麺がウケなければ中華そばを中心とする町中華風の店に変えるといった修正ができます。

実際には開業前に入念なリサーチをしますのでメインに据えたラーメンがウケないことはないのですが、過去に一度だけ、提供するラーメンを変えたことがあります。その店は、ラーメン屋が多いオフィス街にあり、開店当初は担担麺の店でした。

オフィス街で働く人たちは、日々、近隣で昼食を食べています。毎日のように食べるため、おいしい店があっても飽きやすいですし、新しい店や珍しい店があると行ってみたいと思いま

ソフトの入れ替えでリスクヘッジ

ソフトを変え 別店舗へつくり直すことも可能

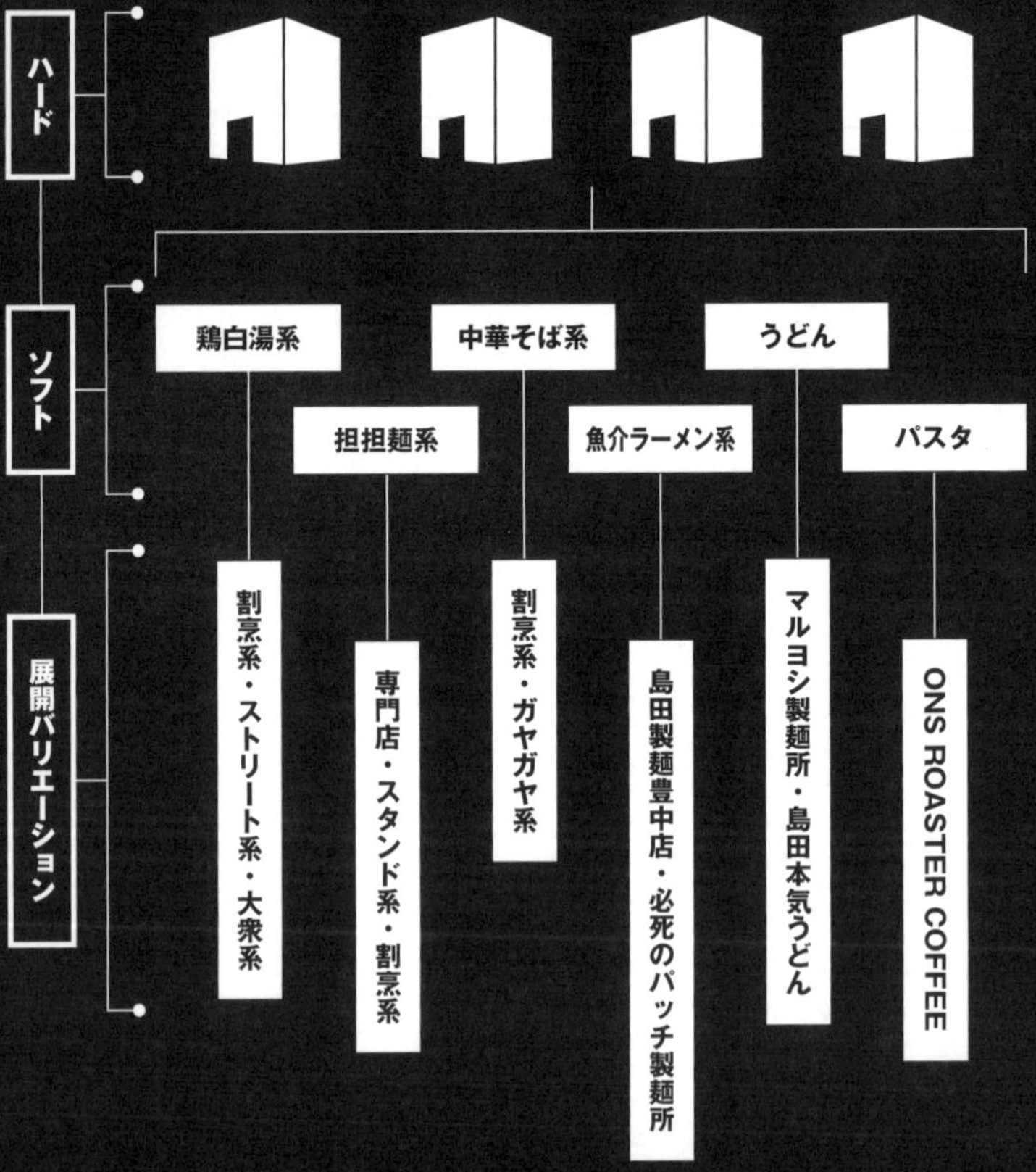

す。そのような特性があることから、私はオフィス街での出店は尖った店にすることを勧めています。この店の場合は、近隣に家系ラーメンや汁なし油そばなどがあったため、方向性が異なるスパイス系の担担麺で開業することになったのです。

ただ、オープンしてみると期待した売上には届きませんでした。そこで内装やスタッフの制服はそのままにして、什器などもほとんど変えることなく、ラーメンの種類を鶏白湯に変えて店名も変えてリニューアルしました。その結果、お客様が増えて、１日の売上額が２万円から３万円ほど増えました。

⑧ 一品一看板の効果は限定的

ローカライズによる出店は、地域性などを踏まえてゼロから出店計画を考えます。味決めも店のコンセプトもカスタムメードです。

また、店のコンセプトに合わせて店名なども変えます。私のFCのなかでは、本店である「島田製麺食堂」の看板を掲げているプロデュース店がありますが、FC加盟店は基本的には新規で名前を考えます。ここも一品一看板のFCと大きく違う点です。

グループ店でも店名が違うため、お客様はその店が私たちの加盟店であるとは気づきません。

また、私たちは加盟店に向けて食材や加盟店共通のノウハウを提供しますが、ＦＣであることを打ち出さずに支援します。その点ではＦＣというよりは個別のラーメン屋に向けたコンサルティングに近いといえます。

このような支援体制になった理由は２つあります。

１つ目の理由は、もともとプロデュースからスタートしたＦＣだからです。プロデュースは個々の店を支援しますので、統一の店名を使う、店のメニュー、内装、外装などを統一するといった発想がそもそもありません。

２つ目の理由は、一品一看板でＦＣの利点を打ち出すためには、ある程度の店舗数と実績が必要だと考えたからです。例えば、赤い地色にＭの文字が描かれた看板を見たら、ほとんどの人がその店がハンバーガー屋であると分かります。価格帯も定番商品も分かりますし、カウンターでオーダーし、商品を持ってテーブルやカウンターに座り、食べ終わったら紙などをゴミ箱に捨てるといったことまでイメージできます。

これがお客様獲得におけるＦＣの強みです。看板や名前でどういう店かが明確に分かるので、お客様は安心感をもって利用できます。また、看板を見ることによって過去に食べたときのことを思い出し、行ってみようと思います。

しかし、店舗数が少ないラーメン屋が同じことをやっても効果は限定的です。家系や二郎系などのようにラーメンの系統の代名詞になったり、全国に１００店、２００店と展開する大手チェーンになったりすれば「この店はボリュームがある」「こってりした豚骨ラーメンだな」といったイメージが湧きますが、その規模までいかない限り看板や店名を統一してもお客様の安心感を生んだりリピートを促したりする効果は見込めません。つまり小規模ＦＣにおいては一品一看板のメリットは限定的なのです。

店づくり

①　ＦＣ店は本店を超えてこそ成長できる

ローカライズを前提としたカスタムメードのラーメン屋には、一品一看板の店にはないメリットが３つあります。

まず1つ目は、味も見た目も個人経営のラーメン屋に見せることができますので、ＦＣのラーメン屋よりも地域に根ざしやすく、おいしいラーメンをこだわりをもってつくっているイメージを想起させることができる点です。

2つ目に、本店を超える繁盛店になれる可能性があることです。一品一看板のラーメン屋は本店のクローンです。味、店、人づくりすべてにおいて本店を踏襲しますので、多くの人は「いつか本店で食べてみたい」と思いますし、一品一看板のラーメン屋の**加盟店は本店を抜けない**のです。

その点、ローカライズしたラーメン屋は本店との関係性が見えません。私たちのFCは、FCグループとしては大阪にある直営店が本店で、この店ではつけ麺を提供していますが、加盟店ではそれぞれの商圏に合う商品を提供しています。鶏白湯、担担麺、場合によっては親子丼やうどんなど本店とは違うジャンルでファンを増やすことができ、認知度の面でも売上の面でも本店を上回ることができます。成長の可能性を限定しないことが一品一看板ではないFCの利点なのです。

3つ目のメリットは、本店やほかの加盟店の悪影響を受けないことです。例えば、グループ店のどこかでバイトテロが起きるなどしてSNSで炎上した場合、同じ看板を掲げている店はすべてその店と関係があるととらえられます。経営的にはFCであり、炎上した店と自分の店が別会社だったとしても、お客様には同じ系列に見えますから評価も下がります。

特に最近はSNSなどによってラーメン屋に対する個人の評価が即座に広範囲で拡散します。SNSでは「おいしくなかった」「従業員の態度が悪かった」といった悪い評価ほど広まりやすく、その情報を見た人が「行くのをやめよう」と思う可能性もあります。

店名が違えば悪影響は受けません。本店やほかの加盟店は、裏側ではノウハウの提供や情報交換などを通じてつながっていますが、表面的には同じ系列ではないため、悪影響を受けるリスクを抑えることができるのです。

②全国的な認知より商圏内の認知

一品一看板にしないデメリットは、宣伝効果が弱くなることです。一品一看板のFCは本部が広告してくれます。これは加盟店の費用負担を抑えるという点で大きなポイントです。加盟店オーナーそれぞれが自力でアピールしなくても、FC本部の力によって店名が周知され、どういう店かも広く周知されます。

お客様は、一見の店や入ったことがない店に入るのをためらいますが、広告によって店名が売れていれば安心感が生まれ、それが新規の集客につながります。広告で店名を想起させることで、過去に行ったことがある人に店の存在を思い出させ、リピートを促すこともあります。

カスタムメードのラーメン屋は、この支援が期待できません。効果的な広告手段や広告の出し方についてアドバイスをもらうことはできますが、自分で広告手段を選び、自費で宣伝します。

私たちのFCも加盟店の広告は代行しません。ただ、その代わりとして広告や宣伝に関するノウハウを提供しています。また、私自身がYouTubeチャンネルの配信者となり、繁盛店をつくるポイントを紹介しています。それを見ることによって効果的な宣伝方法やSNS活用のノウハウなどが分かり、オペレーションや接客に関する改善のポイントも分かります。YouTubeは基本的には誰でも見られますが、加盟店限定で見られる動画もあり、それも経営のヒントになります。

そもそもラーメン屋にとっては、店名が全国的に有名になることよりも**店舗周辺での認知度が高まること**のほうが集客につながります。そう考えると、FC本部のお金で店名を広く知らしめることより、商圏内に重点をおいて店の存在や特徴を伝える方法を知ることのほうが大事といえます。のぼりの立て方、入りやすいファサード（店構え）のつくり方、リピートしたいと思わせる接客などを知るほうが実用的ですし、そのような情報提供が期待できるFCを選ぶことが大事です。

③ 失敗しない方法を知れ

「店づくり」のポイントに関して、オペレーションの構築と磨き上げが私たちFCの強みです。オペレーションは、お客様が快適に感じ、「また来たい」「通いたい」と感じる空間をつくるための接客、配膳、声掛け、掃除など一連の作業のことで、それらを高めていくことで売上が増え、リピーターも増え、店の評判が高まります。良い店になることで、お客様が増えるだけでなく、その店で働きたいと思う従業員も採用しやすくなり、人手不足の問題も解決できます。ラーメン屋FCのオペレーションはFC本部が構築します。また、提供している商品やお客様の反応などを踏まえてFC本部が適宜調整し、改善します。そのため、FC選びではオペレーション構築、支援、改善まで含めて、FC本部がどのようなオペレーションのノウハウをもっているかを見ることが大事です。

私たちのFCを例にすると、接客の言葉遣いからコップなどを割ってしまったときの対応まで細かくマニュアル化しています。

ただ、基本に立ち返るとQSCです。おいしい料理とおいしそうに見える盛り付け、お客様の期待に応え、また、期待を超える接客、飲食店としてふさわしい清潔さを最低条件として満たしていることが重要で、それができていない状態で細かなマニュアルをつくっても意味がありません。

また、オペレーションで大事なのは、店を繁盛させる方法を考えることよりも**失敗しない方法を徹底すること**です。オーナーのなかにはこの順番が逆になっているケースがあるように感じます。

お客様を感動させる良いオペレーションは大事ですが、「こうすれば喜ばれる」「こうすれば満足してもらえる」といった具体策は無限にあります。時流で変わりますし、店やお客様の層によっても変わりますし、正解がたくさんあります。

一方、お客様が減ったり、来なくなったりするオペレーションは共通項が多く、それほど数はありません。つまりお客様が残念に感じる地雷がどこにあるか把握することが重要で、それらを踏まえたオペレーションをつくれば失敗は避けられます。

自力で地雷を探し出していくのは難しいはずです。ラーメン屋に初挑戦する場合はどこに地雷があるか分かりませんので、次々と地雷を踏み、そのせいで時間、お金、お客様を失う可能性もあります。ここはFCを使うメリットです。FCが提供するノウハウを使うことで、加盟店は自分で地雷を踏む必要がなくなり、最善で最適な方法で店づくりできるのです。

④ 直営店で実験して加盟店に展開

ＦＣ本部がもつオペレーションのノウハウを活用することで地雷は避けられます。ただ、それだけでは店は進化しません。オペレーションは、構築することも大事ですが、それと同じくらい時代やニーズの変化に合わせ、進化させ、磨き上げていくことが重要です。

これもＦＣを活用するポイントの一つです。加盟店は、ＦＣ本部が考え、実験し、うまくいった方法を教えてもらうことができます。ＦＣ本部のリソース（お金、時間、人員）で、接客方法やサイドメニューのバリエーションなどを効果的に変えることができます。

私たちのＦＣは、新たに思いついたことは料理でも接客でも従業員の育成でも、まずは直営店で試します。うまくいくアイデアを加盟店に提供し続けたいという思いがありますし、加盟店の代わりに地雷を踏むことがＦＣ本部の役割の一つだと思っているからです。

直営店では常に新しい方法に挑戦しますが、加盟店に展開できるアイデアになるのは10個の挑戦のうち1つくらいです。ただ、うまくいく確率が1割でも、10個の挑戦なら1つですが、100個の挑戦なら10個に増えます。

料理を例にすると、ラーメンの塩分の割合を変えたり、サイドメニューの材料や盛り付け方を変えたりしながら、それを直営店で試し、お客様の反応が良かったものを加盟店に伝えます。

サービスを例にすると、「こういう伝え方をしたら直営店では売上が10％増えました」「新たに厨房に導入した機械で調理と配膳の時間が短縮できました」など、直営店で効果があった方法を加盟店に伝えて経営改善につなげています。

サイドメニューについても同様に、直営店で売れた料理のつくり方や提供方法を情報提供しますが、それを「売れ」「扱え」と強要することはありません。最終判断としてメニューに加えるかどうかはオーナーが決めます。

その点で一つ思うのは、**売れている加盟店のオーナーほどFC本部からの提案を前向きにとらえ、挑戦してみることが多い**ということです。

「現状維持は退化」という言葉があるように、彼らは常に新しいことを取り入れていく意識が強いのだと思います。FC本部からの提案を十分に活かしているともいえます。だから店が繁盛します。また、仕事に限らずですが、新しいことを試すのは楽しいことです。未知の結果にワクワクできますし、成果が出ればさらにうれしくなります。

売れている加盟店のオーナーは店を成長させる楽しさを実感していますし、成長させるためには挑戦が不可欠であることも知っています。そういう姿勢で仕事と向き合っているから、オーナーは楽しいですし、その姿を見る従業員も成長意欲、挑戦意欲が高まります。その結果として店もさらに繁盛するようになるのです。

⑤ 感覚的なオペレーションはうまくいかない

オペレーションは従業員が「何をするか」「どう動くか」を定めるものです。そのため、従業員にとっては分かりやすく、指示する人にとっては教えやすい内容とすることが重要です。しかし、多くのラーメン屋のオペレーションは感覚的で、分かりにくく、教えにくいのが実態です。例えば、接客では多くの店が「笑顔で元気に」と指示していますが、これは感覚的です。元気がどのような状態を指すのかがあいまいで、人によって解釈が変わります。ラーメンに関しても、レシピでは何を何cc入れるか決まっていますが、正確に測る人は少なく、実際には「レードルの3分の1くらい」「スプーン1杯よりちょっと多いくらい」といった感覚でつくっています。

これはQSCを低下させます。人によって接客の差が生まれ、つくる人によって料理の味がブレるのです。また、「笑顔が足りない」と指摘しても、指摘された従業員は、何が、どう足りていないのか分かりませんし、「笑顔で接客しているのに……」と不満が生まれます。「笑顔で働こう」と指示しても、そのとおりに実行されない原因は、**基準がない状態で感覚的に伝えていることが原因**なのです。

この問題を解決する方法として、私たちのFCではすべての業務について数値化と定義づけを行っています。例えば、このラーメンは塩分を何％にするか決めて、その濃度にするために何を何グラム入れるか決め、逐一量ってつくるようにしています。丼ものも、ご飯や具材の量を何グラムにするか決めて、量るようにしています。

つくり慣れている従業員は目分量でできます。1日に何杯もつくりますので「チャーシュー丼の中盛り」と言われれば、わざわざ量らなくてもだいたい同じ量のご飯とチャーシューを乗せることができます。

それは言い換えれば、慣れていない従業員にはできないということです。慣れている人がいなければ味も量もムラが出ます。ムラを防ぐために、数値化と測定が重要なのです。

その他の例としては、調理場では調理器具一つひとつの置き場所を決めています。炊飯器を置く場所を決めたら、駐車場の白線のようにビニールテープを貼り、置く場所を可視化して、はみ出さないようにしています。常に定位置に戻すことで器具を探す時間がなくなり、置きっぱなし、出しっぱなしをなくすことで包丁などでケガをするリスクも抑えられます。

接客の基本も明確にしています。例えば、「笑顔で接客」の笑顔はあいまいな表現ですので、私たちのＦＣでは「口角が上がって前歯が6本見えている状態」を笑顔と決めています。

笑顔の定義が明確になると、従業員は自分が笑顔で接客できているか確認できるようになります。店長や先輩も、笑顔が良い従業員を評価でき、足りない従業員を注意できます。「歯が

４本しか見えていない」と言えば、口の開き方が足りなかったのだなと分かります。定義は、従業員共通の物差しのようなもので、それがあることによって感覚的なコミュニケーションを減らすことができるのです。

「元気」もあいまいです。「今日、元気がないなあ」「声が出てないなあ」と指摘しても、従業員は「元気に接客している」と思っている場合もあります。この問題は、挨拶などの掛け声の大きさを85デシベルに決めることで解決しました。最初は85デシベルがどれくらいの大きさか分かりませんが、朝礼のときなどにデシベル計で測定し、73デシベルだったら「もう少し大きく」、95デシベルだったら「少し抑え目」などと確認しながら、85デシベルを体感し、実行できるようにしています。

⑥ マニュアルは数値化の集大成

数値化と定義づけによって、オペレーションをより細かくつくり込んだものが私たちのＦＣが加盟店に提供しているマニュアルです。マニュアルでは、日々の業務において、数値化できることをすべて数値化し、定義しています。

いくつか例を挙げると、店で使うどんぶりは提供するラーメンによって変え、高さは８㎝から9㎝、直径は17㎝から19・5㎝の間と決めています。これは、スープを入れたときの見え方と原価などを研究してたどり着いた数値です。

カウンターと椅子の高さも決めています。これはコンサルタントから意見をもらいながら、座ったときに最もラーメンの味に集中できる高さを計算しました。そのほか、箸の長さ、スープの温度、店内の温度や湿度も決めています。

日々の業務については、例えば、9時になったら換気扇を回して厨房の電気をつけて、お米を炊く、9時半になったら麺を茹でる寸胴に水を入れて沸かす、10時から10時半の間にチャーシューを切って、スライサーを片付ける、といった流れをタイムテーブルにしています。作業を可視化することで、思いついたことを思いついた順番にやるのではなく、手順を追って正確にできるようになります。やり忘れも防げます。

マニュアルによって生産性も向上します。例えば、10時にチャーシューを切り始め、10時半にスライサーを片付けるということは、30分でチャーシューを切り終えるということです。熟練度も関係しますが、30分以上掛かるようであれば早く切れるようになるためのトレーニングが必要だと分かりますし、新しい従業員が担当するなら、30分で切り終えることが目安となり、可視化と評価が可能な目標になります。

日々の業務では、「もっと手際よく」「早く」と指示する店が多いのですが、その指示は感覚

作業マニュアルの一例

START

- 9:00 換気扇、厨房電気、裏電気をつける。
- 9:02 タブレットの充電確認。
- 9:03 お冷やの機械スイッチを入れる。
- 9:04 鶏肉、バラ肉の解凍あればプールに水を入れる。
- 9:08 バラの解凍の袋を外す。
- 9:11 3パックのお米を10分間水を切る。
- 9:15 まぜそばのヘタを温める。
- 9:25 お米を3回炊く。
- 9:27 炊飯器のスイッチを入れる。
- 9:28 洗浄機を立ち上げる。
- 9:31 フライヤーをセットし、着火する。
- 9:32 ウォーマーにお湯を入れる。
- 9:34 ピッチャー洗浄。
- 9:40 麺機に水を張る。
- 9:42 チャンバー冷蔵庫の兄貴スープの量を確認。
- 9:47 チャンバーのキッチンに持っていくものを出す。
(スープセット、兄貴スープ、水出し、キャベツなど)

的であるため、指示された従業員がどこを目指せばよいか分かりません。「30分で切る」と言えば、その問題が解決できます。28分なら合格、35分なら技術不足であると当人が分かり、その数字で技量を評価できるようになるのです。また、この作業が何分以内にできたら、次はこの作業を覚えるといったように、可視化された目標が見えるようになります。つまりマニュアルは従業員が自分の成長のステップを意識しながら目標を設定し、管理するための目安になり、公平性が高い評価基準にもなるのです。

⑦ 教え方のムラをなくせ

マニュアルができれば、マニュアルどおりに仕事をする意識を醸成することによって、オーナーは従業員に細かく指示する手間から解放されます。うまくできない従業員が減ることによってストレスも溜まりにくくなり、何を、いつ、どうやってやればよいか理解している従業員が増えて、オーナー不在でも自立した従業員によって店が自走するようになります。

マニュアルがあると指導のムラもなくなります。ラーメン屋では先輩が新人にオペレーションを教えますが、教え方には個人差があります。教えるのがうまい人がいれば下手な人もいるため、誰が教えるかによって人の育成のムラが出るのです。

マニュアルはそれを防ぐ効果があります。口下手な人でも説明が下手な人でも、「このマニュアルのとおりにやってみて」というだけで教えられます。できているかどうかの評価もしやすくなります。ラーメン屋は忙しく、丁寧に教える時間がない店もあります。そのような場合でもマニュアルがあれば新人が自主的に学ぶことができ、成長するスピードも速くなります。

また、マニュアルがない状態で教えると、教える人が自分のやりやすい自己流の方法を教えます。料理の出し方から注文時の受け答えに個性と個人差が出て、店として目指したい姿とは違うオペレーションができてしまうのです。これもマニュアルによって防ぐことができます。つまり誰が教えても同じ状態にできるのです。

⑧ マニュアル活用で人手不足時代を勝ち抜く

マニュアルはあいまいな内容では意味がありません。新人でも子どもでも何をどうすれば良いか分かるくらい、どの作業を、どうやって行うかを細かく噛み砕いて示すことが大事です。マニュアルの内容が詳細になると、ラーメン屋での仕事が初めての人でもすぐに仕事を覚えられるようになります。ラーメン屋ＦＣには異業種出身のオーナーもいますが、その場合でもマニュアルがあれば教えられます。

また、マニュアルが詳細になれば誰かに教わらなくても自分でマニュアルを見て学ぶことができます。不明点があったときに見直したり、修正したりできるようにもなります。すると、新人が多くてもミスが出にくくなりますし、究極的にはパートやアルバイトの従業員だけで店が切り盛りできるようになります。

これは人手不足の時代を勝ち抜くことにつながります。実際、私たち直営店はパート従業員が店長を務めています。たまに取引先や飲食店の経営者などが店を見にくると、パート従業員だけでしっかり店が営業できていることに驚きます。

また、マニュアルによって従業員が自立するようになると、従業員育成という点でのオーナーの役目も変わります。従来、オーナーは従業員に仕事を教え、店全体がうまく回るように管理する役目をもっていました。

しかし、マニュアルがあれば仕事を教える手間と時間が減ります。従業員が自立することで店全体が自走するようになります。その結果、オーナーはオーナーにとって最も重要な経営の仕事に集中できるようになります。店をどうやって大きくするか、お客様にもっと喜んでもらうためにできることはないか、従業員の満足度を高めるために何をすれば良いかなど、店づくりの重要なテーマについて考えたり行動したりできるようになるのです。

オーナーがマニュアルの見直しと改善を図ることも重要です。マニュアルは従業員の仕事の手順書であり評価基準でもあります。そのため、マニュアルの内容をレベルアップすれば従業員も店もさらに良くなります。

そのための取り組みとしては、例えば、今まで5分掛かっていた作業を3分にするために何かアイデアはないかと従業員に聞くことができます。人は誰かに頼られると応えたくなるものです。オーナーに改善案を求められれば、従業員は熱意と責任感をもってアイデアを練りますし、それがさらに仕事を楽しくします。

マニュアルの改善は、業務のレベルアップになり、従業員のモチベーションを高めることにつながります。モチベーションが高まればさらに業務のレベルが高まり、このサイクルによって良い店になっていきます。

オーナーは、このようなサイクルをつくり出すことが重要です。私たちのFCは単に詳細なマニュアルを提供するだけでなく、マニュアルを通じて店を良くしていく方法についても教えています。

⑨経営課題をグループで解決 ～満足度を下げないアイデアに絞る～

FCはFC本部と複数の加盟店の集合体です。そのため、この組織内で意見やアイデアを交換し、共有できる仕組みをつくることで、売上アップやオペレーション改善のアイデアなどを得ることができます。これも良い店に変えていくための重要な施策で、個人店では実現しにくい取り組みです。

個人店の場合、自分だけで思いつくアイデアには限界があります。知識を増やすためには本を読んだりセミナーに通ったりして勉強する必要がありますが、日々の営業を切り盛りしながらそのような時間を捻出するのも難しいはずです。FCはFC本部がアイデアをまとめ、検証し、改善案として加盟店に提供しますので、良い店をつくるためのヒントが自動的に入ってくるわけです。

FC内での意見交換などはFCごとにやり方が異なりますが、私たちのFCでは、毎月の店長とオーナー会議で経費削減の方法を集めています。各店舗から3つずつアイデアを出してもらい、その内容をFC本部が検討、検証します。

加盟店からは大小さまざまなアイデアが集まります。例えば、ある店舗からはレンタルしている玄関マットを購入し、3日に1回洗って経費削減にするアイデアが出ました。安い仕入れ業者を見つけ、共有する加盟店もあります。

毎月3つのアイデアを出すというとハードルが高いと感じる人もいると思います。しかし、オーナー一人で考えずに従業員からも意見を募ればさまざまなアイデアが出ますし、現場目線に立った良いアイデアも生まれます。

ある加盟店からは、アルバイトをしている学生のアイデアとして、紙エプロンの経費削減案が出ました。従来は各テーブルに紙エプロンを置いていましたが、お客様のなかには使わない人もいます。その人たちに配る分を削減するために、注文時に紙エプロンが必要か聞き、必要な人にだけ渡すことで経費削減に結びつけるという案です。

これはすでに加盟店に情報共有しました。また、おしぼりも同様に使わない人がいるため、注文時に聞いて、必要な人にだけ渡す方法も取り入れました。

オペレーション改善の取り組みに加盟店に参加してもらうことで、オーナーは経営者としての意識を高く維持することができます。FCでは「FC本部に任せておけばいい」「FC本部がなんとかしてくれる」と他人任せになってしまうオーナーがいます。それが経営がうまくいかなくなる要因の一つであるため、オーナーとコミュニケーションを深めて意見やアイデアを出してもらう機会や場をつくることが大事です。

また、オーナーが従業員に意見を求めると、パートやアルバイトの従業員のモチベーションが高まります。現場の従業員にも経営の意識が浸透し、より良い店にしていこうという意志も強くなります。

経費削減のアイデアで一つ注意点を挙げるとすれば、お客様満足度と従業員満足度を下げるないアイデアに絞ることです。例えば、ダブル（二重巻き）のトイレットペーパーをシングル（一重）に変えてもお客様満足度は下がりません。

しかし、具を減らす、スープを減らすといったアイデアは、経費削減にはなりますがお客様満足度が下がる要因になります。それは店の評価を下げることにつながるため、アイデアの選定では省く必要があります。

従業員満足度については、例えば、仕込み時のエアコンをオフにしたり、制服を従業員に洗濯してもらったりすることで経費の削減ができますが、従業員満足度が下がるとサービスの質も低下します。離職する人が増え、新たに人を採用するためのコストが掛かり、結局コストが増えますので、このような案も省きます。お客様や従業員が不快にならず不満を感じない案を選ぶことがＦＣ本部の役目です。

⑩ ＦＣ本部のリソースを活用

個人店との違いとしては、ＦＣ本部がもつ機能を使える点も加盟店にとっては利点です。例えば、バイトテロによって損害が発生したとき、店は従業員に向けた法的措置をとることになります。また、近年はお客様によるイタズラもあり、醤油を舐めるなどの不潔な行為がＳＮＳ

で拡散することによって店の評判が下がったり来店者数が減ったりすることもありました。この場合も法的措置が必要で、弁護士を雇うなどしなければなりません。

これを個人でやるのは大変です。手続きに時間が掛かることで日々の営業にも影響します。しかし、ＦＣであればＦＣ本部のリソースを使って対応できます。ＳＮＳ時代のリスク管理という点でもＦＣは有効ですし、対策を準備することで安心感が生まれ、余計な心配をすることなく経営に専念できるようになります。

人づくり

① 従業員満足度を高めよ

繁盛店をつくる３つ目のポイントは「人づくり」です。この分野における私たちＦＣのこだわりは２つあります。

１つ目は、従業員が満足し長く勤めたい会社をつくる、従業員満足度の視点をもつこと、２つ目はオーナーと従業員が共有できる大きな目的を掲げることによって、店としての一体感を醸成し、モチベーションを高く維持できる組織にすることです。

従業員満足度が重要なのは、飲食業はピープルビジネスだからです。飲食業は味で勝負する世界だと思われがちですが、その味をつくるのは人です。また、繁盛店は味覚だけでなく五感すべてを満足させます。そのためには、店の雰囲気やサービスの質が大事ですし、それをつくるのも人です。飲食店の価値は人がつくり出すものであり、従業員が仕事を楽しみ、熱意をもって調理や接客をすれば、それだけで店はレベルアップするのです。

従業員満足度を高める取り組みとしては、給料を増やす、休憩室などバックヤードを快適にするといった物理的な施策もあります。公平な評価制度をつくる、キャリアや技術を高めていける育成の仕組みをつくるといった無形の施策もあり、会社はそれらすべてに取り組む必要があると思っています。

従業員満足度が高まれば、長く働きたいと考える人が増えます。働きやすい店、やりがいをもって働ける店であることが周知されることで、新たな従業員も入って来やすくなります。これは飲食店経営の課題である人材確保につながります。飲食店はパートやアルバイトが多く、離職率が高くなりやすいといえますが、従業員の定着率が高まれば離職が減ります。採用と教育のコストを抑える面でも、長く勤めてもらえる会社にすることが大事です。

満足度向上のサイクル

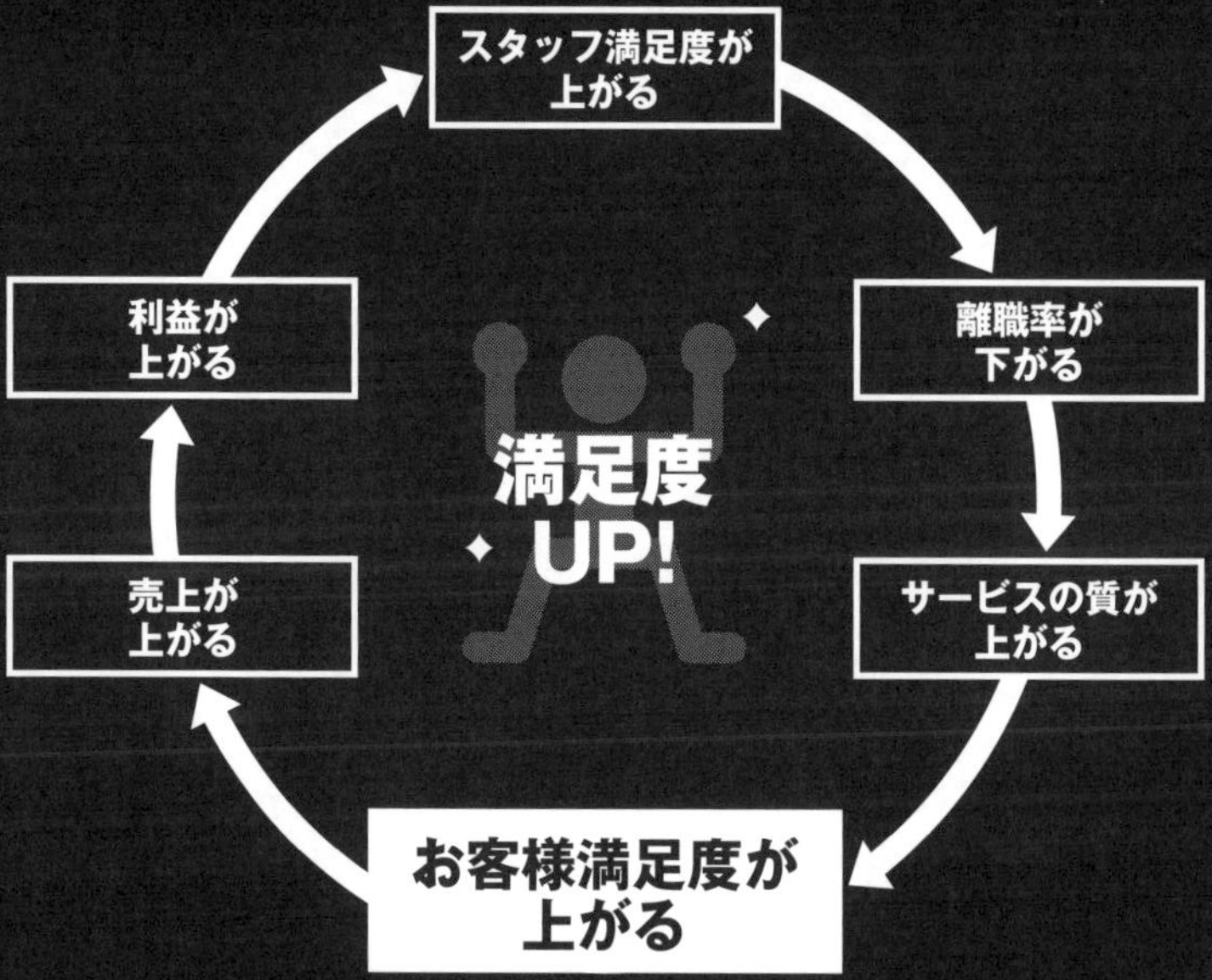

スタッフ満足度が上がる
離職率が下がる
サービスの質が上がる
お客様満足度が上がる
売上が上がる
利益が上がる
満足度UP!

②クレドが組織を一つにする

人づくりでは、経営理念やミッションなどの策定を通じ、店全体として大きな目的を共有する経営（クレド経営）を実現していることも私たちのFCの特徴です。最近は大手企業を中心に理念経営やパーパス経営に取り組む傾向がありますが、どんな仕事にも、仕事に取り組む目的と、仕事のやりがいの源泉が必要だと私は考えています。

クレドをつくる効果は、店や組織としての一体感が増すことです。クレドは会社の理想のあり方を示し、オーナーの考えを言語化したものともいえます。店がどの方向を目指しているかがクレドによって言語化され、明確になることで、従業員は自分たちがどこを目指しているか分かり、行き先に納得したうえで仕事に取り組めるようになります。

言い換えれば、従業員にとっては、**オーナーがどんな店をつくろうとしているのか分からない状態で働くのは不安**だということです。行き先を言わない船長の船に乗っているようなもので、それでは本気で働こうという意欲が湧きませんし、下船（退職）したいと思う人も増えるのです。

③「クレドは社長より偉い」

クレドをつくることで、従業員の考え方と行動もまとまり、統一されやすくなります。例えば、「お客様第一」を掲げる一方で、「たくさん稼ごう」「1円でも多く売ろう」と考えて行動したり、そのような教育をしたりするのは矛盾です。クレドは働く人にとっての行動指針となり、考え方の基準として機能し、このような言行不一致を防ぐことにつながります。クレドを踏まえることで、日々の接客はもちろんのこと、育成や教育の方針も見えやすくなり、ブレにくくなります。

例えば、私たちは次のような理念・信条（クレド）を掲げています。

ミッション
私たちは麺を通じておなかをいっぱいに
人を通じて胸をいっぱいにします
そうすることで関わる全ての人々の心を元気にします

ビジョン
お客様満足度100%実現します！

これらを前面に打ち出すことで、従業員は「おなか」と「胸」をいっぱいにするにはどうしたらいいか、お客様満足度を高めるために自分に何ができるか、といったことを考えるようになり、また、その考えと矛盾しない行動を取ろうとするのです。

オーナーの言動もクレドによって正されるはずです。**飲食業ではお客様に喜んでもらう利他的な気持ちが大事**です。つまり利他的であることが求められます。しかし、オーナーのなかには自分の利益や楽しみを最優先に考えたり、利己的になることによって経営が行き詰まったり、店を潰したりするケースがあります。3G（ゴルフ、外車、ギャンブル）にハマる経営者はその典型例といえます。

クレドはこのような行動を牽制する効果があります。クレドが示す自分たちのあり方に立ち返ることで、自分の考えや行動を見直し、修正できるようになるからです。クレドは最上位にある思想で、経営においてはオーナーよりも偉い存在です。オーナーが3Gにハマっていたとしたら、従業員が「言っていることとやっていることが違う」と指摘できます。

クレドによってバイトテロなども防ぐことができます。バイトテロを防ぐためには、「そういうことをしないように」と念押しする方法がありますが、それよりも大事なのは理念の浸透です。自分たちが何のために働いているか、誰を幸せにしようとしているのかをクレドを通じて理解できる集団になれば、そもそもバイトテロは起きなくなるのです。

④ クレドが雇用のミスマッチも防ぐ

クレドがあることで、新たに入ってくる人のなかにも一体感を醸成しやすい人の割合が増えます。飲食店のアルバイトは「バイト代がいいから」「家から近いから」といった理由で応募する人が大半です。ラーメン屋の場合は、ラーメンの技術を学びたい人も多いといえます。しかし、クレドを掲げているラーメン屋であれば、例えば「お客様第一」「ラーメンで町を元気にする」といった考えに共感する人が応募してくるようになります。店が目指すあり方やオーナーの考え方に共感する人が増えて、同じ目的に向かって一緒に仕事に取り組める人が集まりやすくなるのです。

そもそもクレドをつくっているラーメン屋は少数ですので、クレドがあるだけで競合店との差別化になります。クレドを最上位におくオペレーションや従業員育成の仕組みをつくることで、従業員がやりがいを感じながら楽しく働ける職場ができます。目的意識、存在意義、目指す姿を共有し、思考と志の部分でのつながりを深めることで、従業員のモチベーションを高めることができ、定着率も上がりやすくなります。

ＦＣ加盟店も同じです。ＦＣ本部がどんな会社を目指し、何を実現しようとしているかをクレドとして掲げることで、その考え方に共感するオーナーが集まるようになります。

ラーメン屋ＦＣを検討するオーナーの動機はさまざまで、稼ぐことを第一に考える人がいれば、誰かの役に立ちたい、世の中を楽しくしたいなどと考える人もいます。私たちのＦＣを例にすると、私たちは「人の役に立つラーメン屋」を掲げていますので、その考えに共感するオーナーが多く相談に来ます。私たちとしても、そういうオーナーを仲間として迎え入れたいと思っていますし、たまに「稼ぐことが第一」と考えるオーナーも来ますが、そのようなオーナーの加盟は断ります。

面倒くさそうに仕事をしている従業員がいると、その空気はお客様に伝わります。利己的なオーナーがいるとＦＣ本部やほかの加盟店と協力し合うことができませんし、ＦＣ全体の和が乱れたり一体感が薄れたりします。店やＦＣの価値を高めていくうえでは考え方が合わないオーナーは入れないほうがよく、その点でクレドは新たな仲間となる人を選び、雇用と加盟店のミスマッチを防ぐフィルターの役目も果たすのです。

⑤ 教え方を教え、伝え方を伝える

人づくりについて私たちＦＣがもう一つ特徴的なのは、オーナーの教育にも力を入れていることです。マニュアルを通じて従業員のＱＳＣを高めるだけでなく、オーナーには繁盛店をつくるためのノウハウを教えます。従業員がモチベーションを維持して働ける職場をつくり、クレドを意識した行動ができるようにするために、私たちが直営店やＦＣ本部で人づくりしてきた経験を踏まえて、業務の教え方を教え、クレドの伝え方を伝えます。

オーナー教育が重要なのは、実際に店を切り盛りし、店と従業員を育てていくのがオーナーだからです。どんなにすばらしいマニュアルがあり、どんなに崇高なクレドを掲げても、オーナーが「儲かればいい」「クレドなんてどうでもいい」と思っていたら繁盛店にはならないのです。

オーナーに向けた教育で一つ例を挙げると、従業員の育成や教育を実行していく際に、思考、関係、行動、結果の質を意識してほしいと伝えています。これはアメリカの大学教授ダニエル・キムが考えた「成功の循環モデル」というもので、繁盛店をつくるためにオーナーが知っておいたほうがよい理論の一つです。

業務向上に影響を及ぼす「成功の循環」

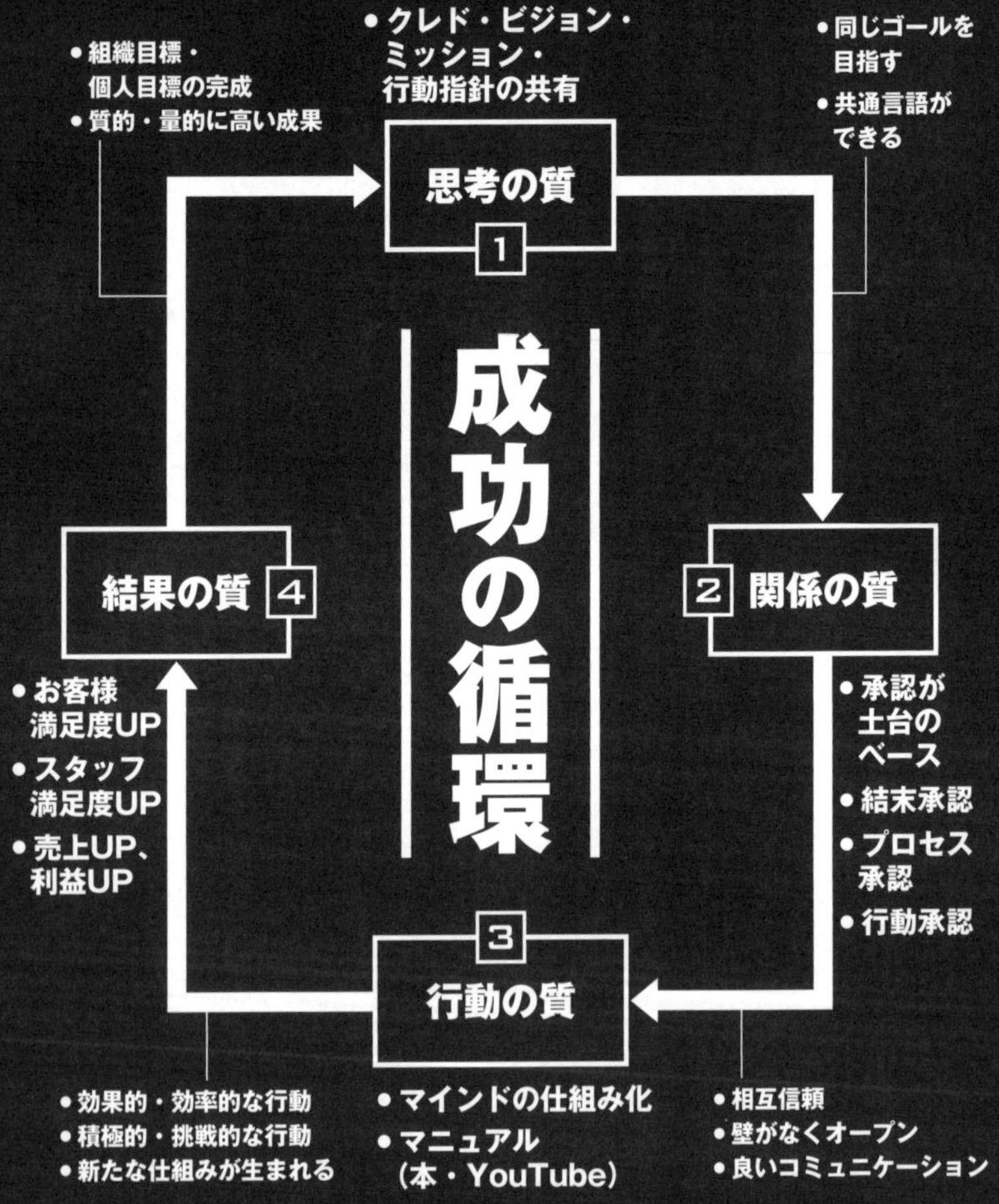

成功の循環
思考の質 1
・クレド・ビジョン・ミッション・行動指針の共有
・同じゴールを目指す
・共通言語ができる
2 関係の質
・承認が土台のベース
・結末承認
・プロセス承認
・行動承認
・相互信頼
・壁がなくオープン
・良いコミュニケーション
3 行動の質
・マインドの仕組み化
・マニュアル（本・YouTube）
・効果的・効率的な行動
・積極的・挑戦的な行動
・新たな仕組みが生まれる
結果の質 4
・お客様満足度UP
・スタッフ満足度UP
・売上UP、利益UP
・組織目標・個人目標の完成
・質的・量的に高い成果

⑥ 結果だけを求めてもうまくいかない

思考の質は、オーナーと従業員の考え方や価値観を合わせることです。例えば、新人に水を入れたコップの持ち方を教えるのであれば、まずはオーナーが持って見せて基準を示します。基準は、お客様の飲み口に当たらないようにコップの下のほうを持つ、小指をそらして持つといったことです。

声掛けの85デシベルやスープの温度なども基準で、これらはマニュアルでも確認できます。しかし、マニュアルを渡されるだけの教育より、手本を見せてもらったほうが新人にとっては理解しやすいはずです。そういう小さな心配りや行動まで含めて「人の役に立つラーメン屋」のあり方を教えることで、目指す姿が共有でき、思考の質を高めることができます。

関係の質は、評価を通じて従業員との関係性を良くすることです。例えば、いつも始業ギリギリに来る従業員には、「もっと早く来い」「10分前に来て」と言いたくなります。しかし、関係性を築くためには否定より承認が大事です。始業1分前でも、間に合ったのだからいいと考えれば、否定のポイントは褒めるポイントに変わります。

実際、1時間遅刻したり来なかったりすると店が大変な状態になりますから、1分前だったとしても来てくれたことは有り難いことです。そう考えて「来てくれてありがとう」「君が来てくれないと回らない」などと伝えれば、従業員はうれしく感じますし、自分を認めてくれるオーナーを信頼します。オーナーのために神輿を担ごうという気持ちになります。

行動の質は、もっと良い行動に変えることです。これは信頼の関係性ができてから行うのが効果的です。

「10分前に来て」と伝えるにしても、関係の質が良くない状態で言われると、従業員は「口うるさいオーナーだ」「間に合ったんだからいいじゃないか」と思ってしまいます。しかし、関係の質が高い状態であれば「オーナーがそう言うなら、次から早く来よう」と素直に思えます。

これは言い方も大事で、「10分前に来て」ではなく「もう少し早く来てくれたらもっと助かる」「ほかの人の手本になれる」などと言うほうが伝わりやすくなります。いずれにしても関係性ができていることが大事で、信頼する相手からアドバイスやお願いを受けることで行動の質が変わります。

結果の質はアウトプットです。あらゆる結果は行動することによって生まれますので、行動の質が高まれば自然と結果の質も高くなります。例えば、従業員の勤務態度が良くなったり、仕事と向き合う熱意が高まったりすれば、その結果として売上や集客を増やすことにつながっていきます。

うまくいかないオーナーは、最初から結果を求めます。また、結果につながる行動を促し、「こうせい」「あぁせい」と指示します。しかし、それでは結果は出ません。結果が出る前に従業員が嫌になって辞めてしまいます。結果を出すためには、思考、関係、行動の順番を踏まえることが大事です。私はビジネス理論を学んだり、人づくりがうまい会社の取り組みをＴＴＰ（徹底的にパクる）したりアレンジしたりしながら、このノウハウを貯めてきました。それを直営店で実践しながらさらに磨き、加盟店向けの人づくりノウハウとして加盟店に提供しているのです。

⑦「知る」　オーナー自身が成長する思考法

オーナー向けの教育として、私たちＦＣは「知る」「分かる」「できる」「続ける」のサイクルについても教えています。これも繁盛店をつくるための重要な考え方で、オーナー自身の成長を加速させるものでもあります。

まず「知る」は、知識をインプットすることです。ラーメン屋経営では、おいしいラーメンのつくり方を知ることも大事ですが、それよりも大事なのは繁盛店のつくり方を知ることです。

繁盛店のつくり方には、例えば、料理の売り方や販促方法を考えたり、店の雰囲気や店員によるサービスについて考えたりすることが含まれます。どの場所に、どんな店を出すかといった戦略を考えることも大事です。

　大事なのは、経営に役立つアイデアやヒントを知ろうとしているか、そのためのアンテナを張っているか、そもそも知る重要性を認識しているかどうかです。

　プロダクトアウトで考える人は、まずこの段階でつまずいています。97点を98点にしようと努力している人も同じです。おいしい料理のつくり方については熱心に知ろうとするのですが、繁盛店のつくり方を知る機会が足りていません。

　私を含め、経営者は読書が好きな人が多いため、経営に関する本を読むだけでも知識のインプットになります。本格的に学ぶのであれば講座やセミナーに参加してみることもできます。気軽に取り組むなら、インターネットで経営について調べてみたり、最近はYouTubeで学んだりすることもできます。私も自分のYouTubeチャンネルで繁盛するラーメン屋のつくり方を配信しています。そういった動画を観るだけでも知識の幅が広がり、経営に役立つヒントが得られるはずです。

　もっと簡単で参考にもなるのが大手飲食店に食べに行くことです。大手はマーケティングにも人材教育にも商品開発にもお金を掛けています。一人のお客として利用してみればスタッフの言葉遣いなどを通じてサービス面の違いが見えます。メニューを見ればどんな商品をそろえているか知ることができ、周りを少し見渡せば、ポスターのつくり方、ポップの貼り方、掃除の仕方などの違いも見えてきます。

大事なのは繁盛しているという事実で、業種は関係ありません。私はラーメン屋FCですが、自分たちの店でうまくアレンジし、取り入れられるアイデアがないだろうかと考えながら、うどんチェーンもハンバーガーショップも居酒屋もこまめに観察しています。だから本店が繁盛しますし、そのノウハウを提供する加盟店も繁盛するのです。

⑧「分かる」 繁盛する本当の理由を理解する

「分かる」は、本で読んだり繁盛店を見たりして得た知識を自分の頭で理解することです。繁盛店を例にすると、繁盛する店には繁盛する理由があります。例えば、流行っているファストフード店が3月に求人ポスターを貼り出す、人気の和食店が5月中旬と10月下旬に期間限定メニューを出していると知ったとき、それをＴＴＰで真似るのも良いのですが、理由まで理解できれば、自分の店に取り入れたり、アレンジしたりして活かすこともできるようになります。

重要なのは、**繁盛している本質をつかむ**ことです。繁盛店が繁盛している理由は、駅から近いからかもしれません。ＱＳＣの観点で従業員の接客が気持ちよく、店の居心地が良いから流行っているのかもしれません。

創業年数が長い、老舗だからという理由で流行っている店もあります。例えば、東京には親子丼発祥の店といわれる老舗があります。その店に行く人は「老舗の味を食べてみたい」「歴史ある店に行ってみたい」と思っていますので、その店より安くておいしい親子丼をつくったとしてもお客様は引き込めません。歴史はお金で買えませんので、その店の近くで飲食店を開くとしたら親子丼ではない料理で勝負するのが得策です。

繁盛している理由が分からない人は親子丼で勝負し、分かる人は親子丼を避けます。私はFC加盟店が出店するときには周辺の人気店をくまなく調べますし、流行っている理由まで分析しますので、オーナーには親子丼以外で勝負しましょうと伝えます。つまり繁盛している理由が分かるかどうかで戦略は真逆になります。これが「分かる」ことの重要性なのです。

⑨「できる」「できているつもり」が失敗の原因

「できる」は、分かったことを実行するということです。

まず「分かる」と「できる」は違います。また、起業の方法が分かっている人と、実際に起業した人がまったく別の立場であるように、頭で分かっていたとしても、実行しなければ効果は出ません。

飲食店経営で大事なのは、繁盛店となっていくための施策を分かることではなく、実行することで、そのためには「分かる」と「できる」の間にある壁を乗り越えないといけませんし、乗り越える方法を知る必要があります。

この方法を知ることができるのもＦＣのメリットです。接客や従業員育成のノウハウがあれば、すぐに実行できます。分かったことを実行に移す効果的なやり方を教わることで、接客方法について試行錯誤したりマニュアルをつくったりする手間と時間を省くことができます。

ここで注意したいのは、「できているつもり」になるオーナーがいることです。例えば、私たちが提供している接客マニュアルには、来店時の案内方法、注文時の受け答え、料理の出し方などが細かく書いてあります。

これは直営店やＦＣ加盟店の営業のなかで磨いてきたもので、私たちＦＣが現時点でベストだと思う方法をまとめたものです。一例として、料理を出す際にはお客様の右側に立ち、「お待たせしました。右から失礼します」と一言声を掛けて、チャーシューが手前になるように器を置きます。

「できているつもり」のオーナーは、従業員にそうやるように伝えて、あとは細かく確認しません。そのせいで、器がお客様に当たって汁がこぼれたり、ラーメンがおいしそうに見えなかったりして店の印象が下がります。

私たちのＦＣに限らず、マニュアルがあってもそのとおりに実行できていない店はたくさんあります。外食した先で、接客がイマイチ、従業員によって接客態度のムラがある、ムダな動きが多いと感じるのは、その店にマニュアルがないのではなく、マニュアルを実行していない、つまり「できているつもり」で営業していることがほとんどなのです。

言い換えれば「できているつもり」の店がたくさんあるからこそ、「分かる」の段階から「できる」の段階まで進めれば、それだけで競合店と差がつき、お客様を引っ張れる可能性も商圏内で勝ち抜ける可能性も高くなるということです。

⑩「続ける」　変化に適応する店だけが勝つ

「続ける」は、できたことを継続することです。続けることが大事である理由は、経営は常に変化しなければならないからです。ラーメン屋の場合、いつまでも変わらない「昔ながらのラーメン」も大事ですが、その場合でもサービスなどは変えていく必要があります。「現状維持は退化」という言葉があるとおり、時代やお客様の嗜好が常に変化しているなかで、変わらない店は取り残されるからです。

大手チェーンを見ても、定番メニューやグランドメニューは少しずつ変わっています。料理が変わっていなくても、味が少しずつ変わっています。

ラーメン屋も、大手チェーンは塩分を変えたり麺の太さを変えたりしています。そのような工夫や改善を続けることが市場内の競争を勝ち抜くことにつながります。『進化論』で有名なチャールズ・ダーウィンが言うように、生き残るのは最も強い者や最も賢い者ではなく、**変化に最もうまく対応できる者**なのです。

継続の源泉となる目的は、オーナーにとっては「何のために開業したのか」、従業員にとっては「なぜ仕事をするのか」の答えだと思います。経営では、それはクレドであり、理念、パーパス、ミッションといった言葉でも表現されます。

うまくいかない店は、そういう思いの共有がありません。共有以前の問題として、理念がない店もあります。そのせいで、オーナーは目先のお金が稼げればいい、従業員もバイト代をもらいながらラクに仕事をしたいと考えてしまいます。「いい店にしよう」「もっとお客様に喜んでもらおう」という気持ちが生まれず、生まれたとしても続かなくなるのです。

お客様の立場から見れば、自分優先で儲けることだけを考えているオーナーの店で食事したいとは思いません。従業員についても同じで、ラクしたい、手抜きしようなど利己的な態度の従業員がいる店に通いたいと思うお客様もいません。

飲食店業界はコロナ禍の影響で経営不振になった店が増えましたが、原因はコロナ禍だけではないと私は思っています。目的を共有し、良い店、良いサービスを提供しようと取り組み続けている店は、コロナ禍のような厳しいときでもお客様に支持され、その力によって不況を耐え抜けるはずだからです。

ラーメン屋FCはいくつかありますが、オーナー向けの教育を徹底しているFCは私たち以外にほとんどありません。オーナーには「ラーメン屋なのにそこまでやるの？」と驚かれることもよくあります。

しかし、そこまでやるラーメン屋が世の中にほとんどないからこそ、差別化の要素になります。商圏内には複数の競合店がありますが、味や評判や流行りといった表面的な部分だけではなく、どういう店にしたいか、何のために店をしているかといった深い部分でお客様とつながっている店は少数です。「知る」から始まり「続ける」までのサイクルをつくれている店はさらにまれです。

そう考えれば、商圏内で戦わなければならない真の競合店はごくわずかです。オーナーが成長し、成功の循環や「知る」から「続ける」までのサイクルについて学ぼうと取り組むだけで、10年後も生き残り、成長を続けていける繁盛店がつくれるのです。

エリア選定、
店舗設計、
オペレーション
構築……

第4章

実践! 儲けを生み出す 〝島やん流〟ラーメンFC

開業に向けた7つのステップ

ＦＣは、ラーメン屋をやろうと決めてから開業するまでの時間が短いのが特徴です。開業に向けた予備知識がなくてもパッケージ化されたＦＣのノウハウを使うことで開業準備に掛かる時間、手間、リスクを軽減できますし、物件を決めたあとの過程でも、メニュー決め、店舗工事、開業後のフォローなど各ポイントでＦＣの支援を受けることができます。

私たちのＦＣは、「味づくり」「店づくり」「人づくり」の3つを踏まえたうえで、開店準備から開店後のフォローまでの流れを7つに分けています。その流れを順番に見ながら、オーナーが何をして、ＦＣ本部が何をするかを確認していきます。

まず全体像は以下のようになります。

最初は「味づくり」です。ここでは3つのステップがあります。

ステップ1はオーナーによる物件探しのためのエリア選定です。物件候補が見つかったら、ステップ2として物件と周辺の様子について、私たちが現場に出向いてエリア調査を行います。同時に、商圏の人口動態などについてデータを取り寄せ、商圏内の競合店についても調査を行い、どんなラーメンを主軸にするかを検討します。

開業までの7STEPS

味づくり

STEP 1 エリア選定

↓

STEP 2 エリア調査

↓

STEP 3 味と店舗コンセプトの決定

店づくり

↓

STEP 4 内装・外装の工事

↓

STEP 5 レセプション

↓

人づくり

STEP 6 従業員教育

GRAND OPEN!

↓

STEP 7 運営支援

それを踏まえ、3つ目のステップとしてラーメンの味と店舗のコンセプトを決定します。ここでラーメンの種類を決めるとともに、出店場所や店舗の広さなどを踏まえて、高級割烹《かっぽう》系、大衆系、町中華系などの方向性を決めます。ここはローカライズによって商圏ニーズに合うラーメン屋をカスタムでつくる私たちの強みの一つです。

次に「店づくり」です。ここでは2つのステップがあります。

ステップ4はコンセプトを踏まえた内装と外装の工事です。専門のデザイナーと相談しながら、集客しやすく快適に食事ができ、さらに従業員にとって働きやすい空間をつくります。私たちは快適な内装と人を呼ぶ外観づくりを実践するための数値化したノウハウがあります。それを活かすとともに、備品の選定、求人の掛け方、採用のコツ、教育のコツ、組織運営なども課題に感じるオーナーが多いため、その部分のノウハウも提供します。

ステップ5は開店直前の確認と調整です。私たちラーメン屋FCの場合はレセプション（試食会）を開き、商圏内のニーズとコンセプトが合致しているかを確認します。ミスマッチがある場合は修正し、なければグランドオープンに至ります。

最後は「人づくり」です。ここでは2つのステップがあります。

ステップ6は従業員教育です。ここでは私たちFCがつくるマニュアルを提供し、また、私たちの直営店を使いながら加盟店で働く従業員の教育支援を行います。私たちラーメン屋FC

が大事にしているクレドの策定なども支援します。

ステップ7は開業後の運営支援です。私たちラーメン屋ＦＣではオーナーからの相談受付のほか、集客アップのためのＳＮＳ戦略の支援などを行っています。

ステップ❶ エリア選定（味づくり①）

味を決定するためにはまずエリアを選定し物件候補を探すことからスタートします。その際のポイントは、立地条件、店舗の大きさ、オーナーの予算などです。

オーナーとしてはまず物件候補を見つけることが最初の仕事です。その後のステップはＦＣのノウハウと支援によって簡略化できる部分が多くありますが、スタートとなる物件候補探しはオーナーが探し出さなければなりません。

ＦＣはＦＣ本部とオーナーがそれぞれの役割をもち、果たすことによって成功する二人三脚の事業です。ＦＣ本部も情報提供しますが、オーナーの努力によってより良い物件候補を見つけ出すことが店の主軸となるラーメンをどんな味にするのかをはじめ、店のコンセプトを決定することにつながります。

ラーメン屋は立地が非常に重要です。理由は2つあります。

1つ目は立地は変えられないからです。基本的な考え方としては人の往来が多いところが有利ですが、そのような場所は家賃も高くなるため収支まで細かくシミュレーションする必要があります。また、人通りが多くても店の視認性が悪いことがありますし、競合店が多い場合もあります。

オーナーが店に常駐するか、それとも店長を雇用して営業するかによっても物件の評価が変わります。オーナーが常駐する場合、脱サラなどでラーメン屋1本で経営するのであれば家と店との距離、既存事業や会社がある経営者の場合は、会社との距離などを見て総合的に判断します。場所の目安がつけづらい場合は、家や会社の場所とオーナーの普段の行動を聞いたうえで移動の負担が小さい地域を提案します。

立地が重要な2つ目の理由は、私たちのラーメン屋FCはローカライズで味などを決めるため、どんな環境で店を出すかによって戦略が変わるからです。主軸とする味や店のコンセプトなどはこのあとの現地調査を踏まえて決定しますが、立地によって選択肢が限られる可能性があります。

店の存在が伝わるか

物件選びの条件面では、まず視認性が大事です。どんな店も存在を知られなければ人が入りません。つまり店の存在が認知されやすいかどうかが重要で、ラーメン屋の存在が認知されやすい場所ほど繁盛店になる可能性が高くなります。

視認性は、呼び込みたいお客様が歩いている人なのか、車に乗っている人なのかによっても変わります。また、呼び込みたいお客様の視点に立って、店の前を何秒で通り過ぎるか、通り過ぎる際にどう見えるかを想像することが大事です。

例えば、車の交通量が多い街道沿いの物件であれば、ドライバーの目線で店の存在に気づけるかどうかを確認する必要があります。人通りが多い道沿いは多くの人に存在をアピールできますが、交差点の信号待ちで立ち止まる人が多い場所と、立ち止まらずに歩き去る人が多い場所では視認性が変わります。店が多いエリアでは他店の看板などに埋もれ、ラーメン屋があることに気づいてもらえない可能性もあります。

私たちのＦＣの加盟店を例にすると、大阪で開業したラーメン屋は車の通りが多い場所で開業しました。ただ、視認性は良くなく、店前の道を通る車は１秒ほどで通過します。また、その道は下り坂でスピードが出やすいため、普通の道沿いにある店よりもさらに視認性が悪い条件でした。

視認性がいまひとつでも施策はあります。例えば、看板を出す、のぼりを出すといったことができますし、のぼりや看板もより目立つように出すノウハウがあります。

また、視認性で重要なのはラーメン屋の存在に気づいてもらうことです。そのため、何ラーメンなのか、カウンター席かテーブル席か、内装はどんな感じかといった細かなことまでイメージできなくても構いません。「あ、ここにラーメン屋がある」と気づかせることができればよく、気づく人をどこまで増やせるかが重要なポイントです。

そのための施策は私たちが考えます。視認性を高めるノウハウを使えることがＦＣを活用する利点の一つです。

新規が獲得しやすい立地を狙う

視認性が重要なのは、認知されやすい店ほど新規のお客様を獲得しやすくなるからです。リピートのお客様はすでに店の場所を知っていますので、ラーメン屋があることをわざわざアピールする必要性が低いといえます。

一方、新規のお客様は店の存在を知りません。そのため、店の存在に気づいてもらい、行ってみようかなと思わせる必要があります。

事業モデルの面から見ると、ラーメンのように単価が高くない商品をメインとする飲食店は、新規のお客様とリピーターを両方増やし続けて成長します。

価格帯が高い店はリピーターだけで成り立ちます。１日数組の来店で利益が出るため、定期的に来店するリピーターを囲い込めば、それだけで収支が安定するのです。また、リピーターは店の場所を知っていますので視認性を高める必要性も低くなります。むしろ、視認性をあえて低くし、リピーターだけが知っている隠れ家のような店にすることでリピーターが喜ぶこともあります。

一方、価格帯が安い飲食店は回転率が大事です。回転率を高めるためには集客数を増やす必要があり、そのためには常に新規のお客様を獲得しつつ、そのうちの一定数をリピーターにしていかなければなりません。そのためには視認性が重要で、認知度を高めて興味をもたせ、ふらっと入る人をたくさん確保することが肝なのです。

ラーメン屋も、基本的にはリピーターが多いほど経営が安定しますが、視認性を高めて新規のお客様を獲得する重要性は店によって変わります。例えば、観光地の店は新規のお客様が大半を占めますので視認性の重要度が上がります。

一方、郊外や住宅街などにある店は新規のお客様を獲得する重要性が低くなり、それよりも一度来た人をリピーターにするための戦略が重要といえます。このタイプの店は、リピーターが８割くらいまで増えれば繁盛店といえます。２割くらいの割合で新規のお客様を獲得し、そのなかからリピーターを増やしていくサイクルをつくることで来店者数が増えます。

エリア選定では、観光地か郊外かといった違いを踏まえながら、新規のお客様を獲得する重要性が高いかどうか考え、そのうえで視認性の良し悪しを判断することが重要です。

閉店理由が重要

出店エリアが決まり、物件を探す方法としては、町を歩いて空き物件を見つける方法や、不動産会社で探す方法などが基本です。それ以外の方法として私たちがオーナーに勧めているのはTwitter（現・X）で探す方法です。Twitter（現・X）は情報が早いのが特徴です。そのため、「東京、五反田、ラーメン閉店」といったキーワードで検索すると、不動産会社のサイトなどに出る前に閉店情報が見つかる可能性があります。

閉店したラーメン屋は居抜き物件ですので、設備などの一部をそのまま使うことができ、開店資金を抑えることができます。ただ、居抜き物件の場合は閉店理由を調べることが大事です。

例えば、お客様が来ない、ライバル店が多い、そもそも人通りがほとんどないといった理由で売上が厳しくなり閉店した店であれば、いくら居抜きで安く借りられるとしても経営は厳しくなります。悪条件でも売れる方法を考えるのがFCの役目ですが、条件が悪くなるほど繁盛店づくりの戦略も制限されます。

理想的なのは、**売上があり、人の採用やオーナーの高齢化などが原因で閉店した店舗**です。物件にはさまざまなタイプがありますが、繁盛店をつくるための基礎条件としては、このタイプの店が最も失敗しにくいといえます。

極狭店でもカスタムメードで繁盛店にできる

広さに関しては、広いほうが繁盛しやすいと考えるオーナーが多いのですが、私たちは20坪以下で探すことを勧めています。その理由は、広い分だけより多くの人を集客できるとしても、すべての席が埋まるほどのお客様を集められない可能性があること、工事費用が掛かり初期費用が大きくなること、店が広いほど従業員の数も増やす必要があり、人件費が掛かること、電気代など運営コストが高くなることなどです。

逆に、狭い店は集客数が制限されますが、コストを抑えることができるため経営が安定しやすくなるケースが多いといえます。

私たちのＦＣの例では5坪で開業した店があります。加盟店のなかでもかなり小さな物件ですが、現地調査をしてみると店の前に大きな体育館があり、人通りがありました。また、近くには大学もあり、自転車に乗った学生がたくさん行き来していました。店は、学生が通っている道から50ｍほど脇道を入ったところにありましたが、店の認知度さえ高めることができれば十分に商売になると判断し、出店することになったのです。

店の広さに合わせてさまざまなコンセプトを考えるのが私たちのＦＣの強みです。この店の場合は、学生を取り込みやすいおしゃれな店構えにしました。また、近くに家系ラーメンがあり、商圏の特性として新しいタイプのラーメンも受け入れられやすいと考えて、近隣にはない鶏白湯ラーメンを主軸にしました。

この戦略がウケて、この店は開店からずっと黒字が続いています。このことから、20坪以下の店であっても繁盛店はつくれますし、主軸商品の選定からコンセプトづくりまでカスタムでつくるのであれば、広さはそれほど重要な問題ではないといえます。

ステップ❷ エリア調査（味づくり②）

物件候補が出てきたら、物件とその周辺の調査を行います。一般的なＦＣもエリア調査によって商売が成り立つかどうかを見極めますが、私たちの場合は、商圏や競合についての詳細な分析を行い、ローカライズを考えるのが特徴です。

現地調査で重要なのはマーケットインの考え方です。観光客やインバウンド客をメインとしている店は別ですが、飲食店は基本的には商圏内のお客様を増やし、リピーターに育てていくことで成長します。新規で来る人を増やし、来た人に「また来よう」「友人に勧めたい」と思ってもらうためには商圏内のほかの飲食店から人を引っ張って来なければなりません。

ラーメン屋で新規開業する場合を考えてみると、第一の競合としてまずは近隣のラーメン屋を意識する必要があります。日本人が年間でラーメンに使うお金は約8000円といわれ、現状、そのお金は近隣のラーメン屋の収益となっていますから、競合と商圏の分析によってこのお金を自分の店に引っ張ってくる戦略を立てることが重要です。

しかし、それだけでは不十分です。飲食店経営は異種格闘技で、ファストフードもファミリーレストランも競合と考えなければなりません。コンビニ、テイクアウト弁当、スーパーマーケットの惣菜といった中食も競合です。

人は1日3食くらいしか食べられませんし、商圏内の人口も外食で使えるお金も決まっているわけなので、ほかのラーメン屋からだけでなく、ジャンルの異なる飲食店からもどうやってお客様を引っ張ってくるかを考える必要があるのです。

商圏の人口、飲食店の数、地域の人たちの外食費用などを分析することで、自分の店の売上の目安や上限もだいたい計算できます。売上の目安が立つことで、どれくらいの規模（席数）の店が良いか、1日何食売れば良いか、価格はいくらに設定すれば良いかが見えてきます。1日100食売るのであれば、そのために従業員が何人必要か、仕入れはいくらか、利益はいくら残るかといったことも計算できます。つまり事業の収支計画が出来上がるのです。

また、商圏の人口が決まっているということは、お客様だけでなく働く人の数も決まっているということです。学生やフリーターの数も決まっていますし、そのなかで飲食店で働きたいと思っている人も決まっています。

パートやアルバイトを雇うのであれば、商圏内の飲食店とは、お客様だけでなく働き手の取り合い競争もしなければなりません。その視点で見ると、近隣のファストフード店が3月に求人ポスターを貼り出す意味も分かるようになります。新学期に入ってアルバイトを探す人が多い、彼らを囲い込めるように少し前からアルバイト募集の告知を出しておく、女性のアルバイトに来てほしいのでポスターに女性の写真を使う、といった近隣の飲食店の戦略も分かってくるのです。

現地調査で特徴を把握

エリア調査は大きく分けると３つあります。

１つ目は現地に赴き、物件とその周辺の様子を見る現地調査、２つ目は商圏に関するデータを使って住人の属性などをデータで見る商圏分析、３つ目は商圏内の競合について味や繁盛の度合いを見る競合分析です。

１つ目の現地調査はローカライズを考えるための重要な調査です。まず、物件については、物件候補の近くの人通り、車通りなどを見ます。また、視認性を高めるためにのぼりを立てられるか、看板を置くスペースはあるかなども確認します。

周辺に関しては、飲食店やそれ以外を含めて近くにどんな店があるか調べます。これには私たちの実績を踏まえたいくつかの法則と判断基準があります。

例えば、大手の焼き鳥チェーンが近くにある場合、焼き鳥とラーメン屋はターゲット層が比較的近いため、成功しやすいといえます。ハンバーガーチェーンも同じで、ジャンキーな料理（安価でカロリーが高い料理）を食べる人が多いと判断できるため、ラーメン屋出店の条件としてはプラスの要素です。また、大手のチェーン店は出店時に商圏分析などを行い、そのうえで売れそうな場所に出店しています。その事実も成功しやすいことを裏付ける一つといえます。

そのほかのポイントとしては、コンビニを見ます。コンビニは店舗によって商品の置き場所を変えています。レジ横など売れ筋の商品を置く場所で何を売っているかを見て、例えば、和菓子が置いてあれば高齢者が多い、唐揚げなど脂っこい揚げ物が置いてあれば学生や若い人が多いと判断します。また、カップ麺のコーナーでもどんなラーメンが売れているかを見ます。このような情報を基にして、商圏内の人が好む味の傾向をつかみ、それを参考にして主軸にするラーメンの味を考えます。

現地調査を踏まえた加盟店の出店例としては、東大阪の小さな駅近辺で7坪のラーメン屋を開いた例があります。物件の周りを歩いたところ、駅前に高級食パンの店を見つけました。全体的に寂れた駅の雰囲気からして、高級食パンが売れるようには見えませんでしたが、実際に店が存在していますし、のぞいてみるとお客様もいます。

これを踏まえて、7坪の店は高級感あるラーメン屋（私たちは割烹系と呼んでいます）にしようと考えました。高級食パンが売れるということは、ちょっと高い食材を食べたいというニーズがあるということです。飲食店についても、本格的な割烹は食べられませんが、割烹料理の雰囲気は体験してみたいというニーズがありそうだと考えて、割烹系が刺さるだろうと考えたのです。

実際、この店は初日から行列ができ、その後も繁盛しています。この実績を踏まえて、商圏分析では高級食パンの店にも注目しています。

商圏分析で最適な味を絞り込む

２つ目の商圏分析は、人口や年齢などに関するデータを踏まえるもので、主軸とするラーメンの味などを決める際の参考にします。

商圏のタイプとしては、都市圏と郊外といった大きな分け方以外に、次のような分類ができます。

- **郊外**　車移動が多く、ラーメン屋の出店では駐車場が必要な場合が多いといえます。
- **産業道路沿い**　車での来店を基本に考えます。客層については、肉体労働者の来店が多く見込める場合にはボリュームを増やしたり、サイドメニューを増やしたりといった戦略を考えます。
- **観光地**　新規のお客様が中心。観光客の年齢層やインバウンドの数などを見ます。
- **駅前**　人の往来が見込める場所。競合となるほかの飲食店（ラーメン屋以外を含む）も多く出店しているため、現地調査で得た情報で戦略を考えます。

●**商店街**　駅前と同様に人の往来が見込める場所。行き来する人の属性や競合店の状況を見て戦略を考えます。

●**オフィス街**　オフィス街で働く人は日々のランチで多様な料理を食べているため、話の種に行ってみたくなるような尖ったコンセプトの店を考えます。

●**学生街**　大学などの近隣は、男性向けに味が濃くボリュームがあるラーメンが人気があります。女性にはカフェのようなおしゃれな雰囲気の店が支持されやすいといえます。

●**モール**　郊外と街中のモールがあります。モール内出店はほかの商圏と比べてローカライズによる差別化がしづらいため、一品一看板のＦＣには向いていますが、私たちの加盟店にはあまり勧めていません。

商圏分析は戦略を考える基礎的な情報として使いますが、それだけで味を決めることはできません。郊外といっても地域の文化や味の好みがありますし、どんな競合店があるかによっても最適な戦略が変わります。戦略はさまざまな変数の組み合わせによって変わりますし、言い換えれば、変数に応じて戦略をゼロから考える点がローカライズを踏まえたカスタムメードの強みです。

一品一看板のＦＣは、その商品が売れる確率が高い場所で出店します。分かりやすくいうと、薄味のラーメンを主軸としているFCは、濃い味を好む人が多い商圏では出店しにくく、出店の範囲や選択肢が狭くなります。

その点、私たちはローカライズによるカスタムメードを強みとしていますから、商圏の特性に合わせた戦略を考えることができます。商圏の特性に制限されることがなく、むしろ商圏のニーズに合わせて味やコンセプトを最適化できます。オーナーが見つけてきた物件に合わせてさまざまな戦略を考えるため、その分、出店できる範囲が広く、ローカライズによって商圏内で勝ち抜ける店にできる可能性も高くなります。

競合分析で勝ち抜く戦略を考える

３つ目の競合分析は、商圏内で売れている店を対象として、１日にどれくらい売れているか、どの時間帯に何人のお客様が入っているかなどを調べます。

重要なのは、**売れている理由を把握すること**です。繁盛店には必ず繁盛している理由があり、それは店によって異なります。味が評価されている店があれば、店内の雰囲気やサービスが評価されている店もありますし、老舗だから、有名店だから、アクセスが良いから、ほかに競合店がないからといった理由で繁盛している場合もあります。

その要因を調べたうえで、加盟店の出店では、繁盛店に対応できる魅力を私たちが考え、つくります。味が評価されているのであれば、別のジャンルの味を主軸にしたり、アクセスの良さで売れていたりするなら、味と雰囲気を売りにした店をつくるといった戦略で繁盛店との差別化を図ります。

味づくりの点では、繁盛店のラーメンについて、量、具材、サイドメニュー、塩分濃度なども分析します。糖質、脂質、塩分は中毒性を生みますので、どれくらいの塩分のラーメンが支持されているか知ることが、ニーズをつかむメニューを考えるヒントになります。

加盟店の例では、住宅街のなかで味が良いと評判の繁盛店があり、その近くに出店して成功したケースがあります。繁盛店を見に行ったところ、ラーメンはおいしいのですが、それ以外の点では特に特徴的な要素が見当たりませんでした。サービスも普通で、黒いTシャツを着て頭にタオルを巻いた従業員が淡々とラーメンをつくっているだけで、接客に力を入れている様子もありません。

それを見て、サービスに力を入れ、内装にこだわれば商圏の一番店になれるだろうと考えました。その結果、オーナーが従業員の教育に熱心に取り組んだこともあり、すぐに人気店になりました。

ローカライズしない成功例もある

現地調査、商圏分析、競合分析の３つはローカライズの強みを活かす「味づくり」のための調査です。ただし、必ずしもローカライズするわけではありません。調査と分析によっては、あえてローカライズしないほうが繁盛店がつくれるケースもあります。

その一例が、札幌で開業した鶏白湯ラーメンの店です。この店は私たちのＦＣ内でも売上がトップクラスの店です。

札幌といえば、ちぢれ麺の印象があります。実際、エリア調査でも行列ができているのはこのタイプの店が中心でしたし、現地の人にも「ちぢれ麺じゃないと売れない」と言われました。ただ、競合分析のために店に行ってみると「こんなもんか」という感想でした。おいしいことはおいしいのですが、これならほかの加盟店で使っている中太麺のほうがウケるのではないかと思ったのです。

そこで、鶏白湯をベースとした中太麺の味噌ラーメンをつくりました。鶏白湯そのままでも人気が出そうとは思ったのですが、多少のローカライズをして、北海道になじむ味噌味にしました。アレンジとしては、札幌の味噌ラーメンはチャーシューの上に生姜が乗っていますが、その代わりとして生姜オイルをつくり、チャーシューにかけることにしました。

レセプションをしてみると評価は上々でした。しかも、おいしいと評価されたのは中太麺でした。このように商圏のニーズに合わせることが基本ではありつつも、商圏の特性や競合で売れているラーメンを細かく分析することで、まったく新しい発想で売れるラーメンと繁盛するラーメン店をつくることができるのです。

競合店との闘い方

味づくりは、商圏内の競合とどう対峙していくかを念頭において考えます。対峙の方法は2つです。1つ目は、競合の人気商品を見て差別化できる点をつくること、2つ目は、同じ商品や似たコンセプトで真っ向勝負することです。

例えば、量が多い二郎系のラーメン屋が商圏内で繁盛しているとしたら、私たちは別の味のラーメンをメインにして差別化します。私たちは味の面でも店の雰囲気の面でもさまざまなコンセプトを考えることができますので、わざわざ人気店に挑まなくても私たちの勝ちやすい味と雰囲気で繁盛店をつくることができます。

一方で、あえて勝負をすることもあります。加盟店の例では、出店しようと決めた商圏内に鶏白湯の店があり、行列ができるほど繁盛していました。しかし、実際に行って食べてみると、私たちが勝てないほどおいしいわけではなく、店の雰囲気づくりによっては勝てるだろうと思いました。

そこで、味はその店と同じ鶏白湯にして、店の雰囲気を変えることにしました。現地調査の結果、出店先の近くに女子大があったため、彼女たちが入りやすく、デートにも使えるおしゃれな雰囲気の内装にしました。

この戦略はうまくいきました。競合店よりも入りやすく、快適な空間にしたことが評価され、また、鶏白湯はすでに競合があったことで地域の人になじんでいたため、開店してすぐにお客様が増え、繁盛店になったのです。

ステップ❸ 味と店舗コンセプトの決定（味づくり③・店づくり①）

商圏や競合からメインに据えるラーメンが見えてきたら、次にその味に合い、その味を引き立てる店のコンセプトを考えます。私たちFCにおけるコンセプト決定のプロセスを味の系統から見ると、鶏白湯、担担麺、中華そば、魚介ラーメンなどがあります。また、ラーメン以外ではうどんやパスタなどもあります。

店の雰囲気の面では、高級感ある割烹系、手頃な価格の大衆系、活気があるストリート系、賑やかな雰囲気の町中華系、家族で過ごせるファミリー系などがあります。

基本はこれらの組み合わせでコンセプトを考えます。ただ、これはあくまで基本パターンで、これをベースとして、ローカライズの考え方を取り入れ、オーナーの意向や理念なども踏まえながら商圏で勝ち残っていける店をつくっていきます。

コンセプトづくりで大事なのは、お客様がわざわざ来る店にすることです。

そのための方法としては、広告に力を入れる、話題性があるラーメンを提供するといった方法があり、私たちはそのためのノウハウを提供します。ただ、繁盛店をつくるという目的を果たすのであれば、そのための方法はシンプルです。来たことがない人に「行ってみたい」と思わせ、一度来たことがある人に「また来たい」と思わせること、そのためのコンセプトを考えることが大事です。

例えば、エンターテインメントの視点をもって、お客様が来たいと思う体験をつくることができます。ラーメンを待っている間、ほとんどのお客様はスマホをいじっています。その時間を楽しんでもらうために、ごまとごますりをお客様に渡して、ごまをすってもらいます。すりごまに油を混ぜるとバターピーナッツのような芝麻醤《チーマージャン》ができ、これをラーメンにかけると担担麺のようになります。

構想中のアイデアとして、ラーメンを待つ間にお客様に鰹節を削ってもらう体験づくりもやりたいと思っています。若い年代で実際に鰹節を削ったことがある人は少数です。それを体験として提供し、ラーメンが出てきたら自分で削った鰹節をかけてだしを強くするというアイデアです。

このようなアイデアで楽しみを増やすことで、他店にはない体験を提供できます。それが楽しければ、お客様は「また来よう」と思います。これを私たちは麺タ―テインメントと呼んでいます。

また、高級志向に振って、1杯3000円くらいのラーメンを売ることもできます。これもいつか実現したいアイデアの一つで、インバウンド向けに高級ラーメンを提供する店を開きたいと思っています。これが認知されれば、新たな観光地になるはずです。

観光地は光を観に行く場所と書きます。光は魅力のことで、魅力は人を惹きつける力をもちます。集魚灯にイカが集まるように、人も光に集まってくるのです。

これは人についても同じです。商品の話からは離れますが、明るい人の周りには人が集まります。楽しそうに働いている従業員が多い店には、自然とお客様が集まりますし、自分も楽しく働きたいと考える人が応募してきます。その視点から見ると、従業員がイキイキと働く店をつくることもコンセプトづくりといえます。

加盟店の例では、前述した割烹系の7坪のラーメン屋は、周辺が寂れた環境でした。お客様がわざわざ来る理由がなかったため、観光地をつくることを意識し、私たちの直営店である島田製麺食堂の名前を掲げることにしました。

また、それだけでは観光地化するために弱いと感じたため、関西の有名なラーメン屋から特製の醤油ダレを仕入れ、2店舗の繁盛店を組み合わせたラーメンを主軸にすることにしました。この戦略によって、特に珍しさもない小さな駅近くの路地裏にお客様がわざわざ足を運ぶ店ができたのです。

「何でもある店」は「何にもない店」

エリア調査を踏まえた看板メニューを名物として磨き上げていくことも、お客様がわざわざ来る理由になります。

ここはオーナーがはまりやすい落とし穴といえます。オーナーのなかには、1つの商品を集中的につくることに飽きてしまうのか、自分の発想力を試したくなるのか、メニューを増やしたり、第2、第3の名物をつくろうと考えたりする人がいます。

これは、うまくいっていない店のオーナーによく見られる傾向です。新商品を試すのは大事なことなのですが、ラーメン屋はファミレスではないため、「何でもある店」を目指すことで、お客様に刺さるような名物が「何にもない店」になることが多いのです。

そのようなオーナーには、次の名物を考えるよりも、今の1番商品をもっと磨きましょうと伝えています。ほかの商品に目移りしているオーナーに限って、スープの適正温度が守れていなかったり、盛り付けが雑だったりするものなのです。

言い換えれば、**看板商品だけでも繁盛店はつくれる**ということです。看板商品で認知を高めることもコンセプトですので、新商品を増やそうとすることは、そのコンセプトを壊すことともいえます。

もう少し掘り下げると、第2、第3の商品をつくりたいと思うのは、店が暇だからです。繁盛している店はやることが多いため、余計なことを考える暇がありません。看板商品を磨く努力で忙しくしていますし、看板商品を目当てに来た人に100点の商品を出そうと考えます。

一方、暇なオーナーはあれこれ考えます。その結果、迷走が始まってしまうのです。

期間限定メニューで来店機会を増やす

「味づくり」は、まずは看板メニューを磨くことが大事です。それがある程度までできたら、お客様の興味を引くための施策として、期間限定のメニューをつくることができます。これもお客様がわざわざ来る理由になります。

期間限定メニューをつくる目的は、**来店頻度を高める**ことです。仮に8割がリピーターで、彼らが週1回のペースで来店しているとすれば、期間限定メニューをつくることによってその週の来店回数を2回に増やします。

例えば、私たちの直営店では、夏メニューとしてズワイガニの冷やしつけ麺があります。これはお客様のなかでは夏限定のメニューとして定着しつつあり、「ズワイガニ、まだですか?」と聞かれることもあります。

期間限定メニューのポイントは、文字どおり期間限定で提供することです。つまり定番メニューにしないということです。その理由は、定番にすると看板メニューの存在感が薄れる可能性があること、定番化すると来店頻度を高める効果が見込みづらくなること、そして、年間を通したメニュー構成に変化をつけることで、リピーターを飽きさせないためです。

サイドメニューは客単価ではなく満足感を高めるもの

リピーターを飽きさせないという点では、サイドメニューやトッピングも大事です。サイドメニューとトッピングは、売上や客単価を増やすためのものと考えている人がいるかもしれません。

確かに、客単価は上がります。しかし、メインのラーメンと比べると低価格であるために、期待するほどは上がりません。例えば、トッピングによって客単価が１００円上がるとしても、10人に売れて１０００円です。１００人に声掛けし、そのうちの10人にトッピング追加を狙うのであれば、１０００円前後のラーメンを注文するお客様を１人増やすほうが簡単です。

これは多くのオーナーが勘違いしている点です。オーナーは客単価を上げたいと考えますが、サイドメニューやトッピングにはその効果は期待できません。客単価を上げることを意識するよりも、**看板商品を磨き、１杯でも多く売れるようにすることのほうが重要**なのです。

また、サイドメニューについてはラーメン以外の新たな名物をつくれると考える人もいますが、その効果もあまり期待できません。私たちもさまざまなサイドメニューをつくっていますし、つくってきましたが、お客様の間でバズったメニューはほとんどありませんでした。

ラーメン屋の主役はあくまでもラーメンであり、サイドメニューは脇役です。サイドメニューに力を入れるよりもラーメンの磨き上げに力を入れるほうが良いということです。

では、何のためにサイドメニューをつくるのかというと、満足感を高めるためです。量の点から見ると、ラーメン１杯の量では平均的な成人男性のおなかを満たすのには少し足りません。そこでサイドメニューが活躍します。ラーメンとサイドメニューの組み合わせで、おなかいっぱいの状態がつくれるのです。

細かなことですが、量についても地域差がありローカライズの余地があります。ラーメン一人前の麺の量は、関西では120gから130gですが、東北では150gから180gくらいに増えます。東京近郊も関西圏より多く、家系ラーメンで165gほどです。つまり量の面では関西のほうがラーメン1杯の満足度が低くなるため、サイドメニューの重要性が高くなり、バリエーションを増やしたり味の質を高めたりすることで満足感を高められる可能性があるということです。

直営店で売れた実績ある商品を展開

期間限定メニューやサイドメニューの開発方法はFCによって違い、FC本部内の商品開発部門でつくり、加盟店に一気に展開する方法もありますし、私たちのように直営店で出してみて、評判が良かったものを加盟店に紹介する方法もあります。

私たちの場合、期間限定メニューは夏と冬に出しています。基本的には、夏は冷たい麺をつくり、冬は味が濃い麺をつくります。

サイドメニューは、ラーメン屋以外の飲食店で何が流行っているかを観察しながら、私がメニューを考えています。異業種にも目を向ける理由は、視野を広げることで飲食業界全体の動向が見えやすくなりますし、メニューを改定するタイミングや値上げするタイミングなども把握しやすくなるからです。

そのような調査も踏まえながら良さそうなメニューを思いついたら、直営店で出して反応を見ます。また、反応を見ながら改善を加えます。同時に売価を考えて原価を算出し、使用する具材のグラム数などを決めます。これはトッピングも同じです。プラス１００円のトッピングをつくる場合、売価１００円なら原価はこれくらいと計算し、その範囲内で使える材料で商品をつくり込みます。

こうして完成した商品を毎月1品くらいのペースで加盟店に情報発信します。直営店で売れましたので、興味があれば導入してください、つくり方を教えますと伝えて、導入するかどうかは加盟店の判断に任せています。

これはＦＣの利点といえます。個人で商品をつくり、試すのには手間が掛かりますが、ＦＣの場合はＦＣ本部が開発しますし、そのなかからある程度売れる見込みがある商品を紹介してもらうことができるからです。

「プロダクトライフサイクル」を理解し変化し続ける

新メニューの開発や既存メニューの味の更新もFC本部の役目です。

経営は時代や世の中の変化を的確にとらえて、変化していくことが大事です。ラーメンの場合、不景気になると濃い味、好景気ではあっさり味が好まれるようになるなど、お客様の好みや価値観が変わるため、ラーメン屋も「変わらないために変わり続けていく」ことを意識し、メニューを入れ替えたり増やしたりしていくことが大事です。

一品一看板のFCも、お客様が気づかないレベルで小さな改善を繰り返しています。例えば、麺の太さを変えたり、スープに入れる材料を変えたりして、時代の変化に適応しています。私たちも、例えば、スープに使う醤油を変えたり、チャーシューの切り方を変えたりしながら細かな変化を積み重ねています。

また、長期で経営を考える際には、商品の寿命をイメージしておくことが大事です。商品には、導入期、成長期、安定期、衰退期があり、このサイクル（プロダクトライフサイクル）のなかで、自分が提供している商品がどの位置にいるか理解しておくことが重要です。

導入期や成長期にいる商品はまだ成長が見込めます。しかし、安定期に入ると成長が止まり、衰退期に入ると需要が減っていきます。飲食でいえば、安定期は売上のピーク、衰退期は市場

プロダクトライフサイクル

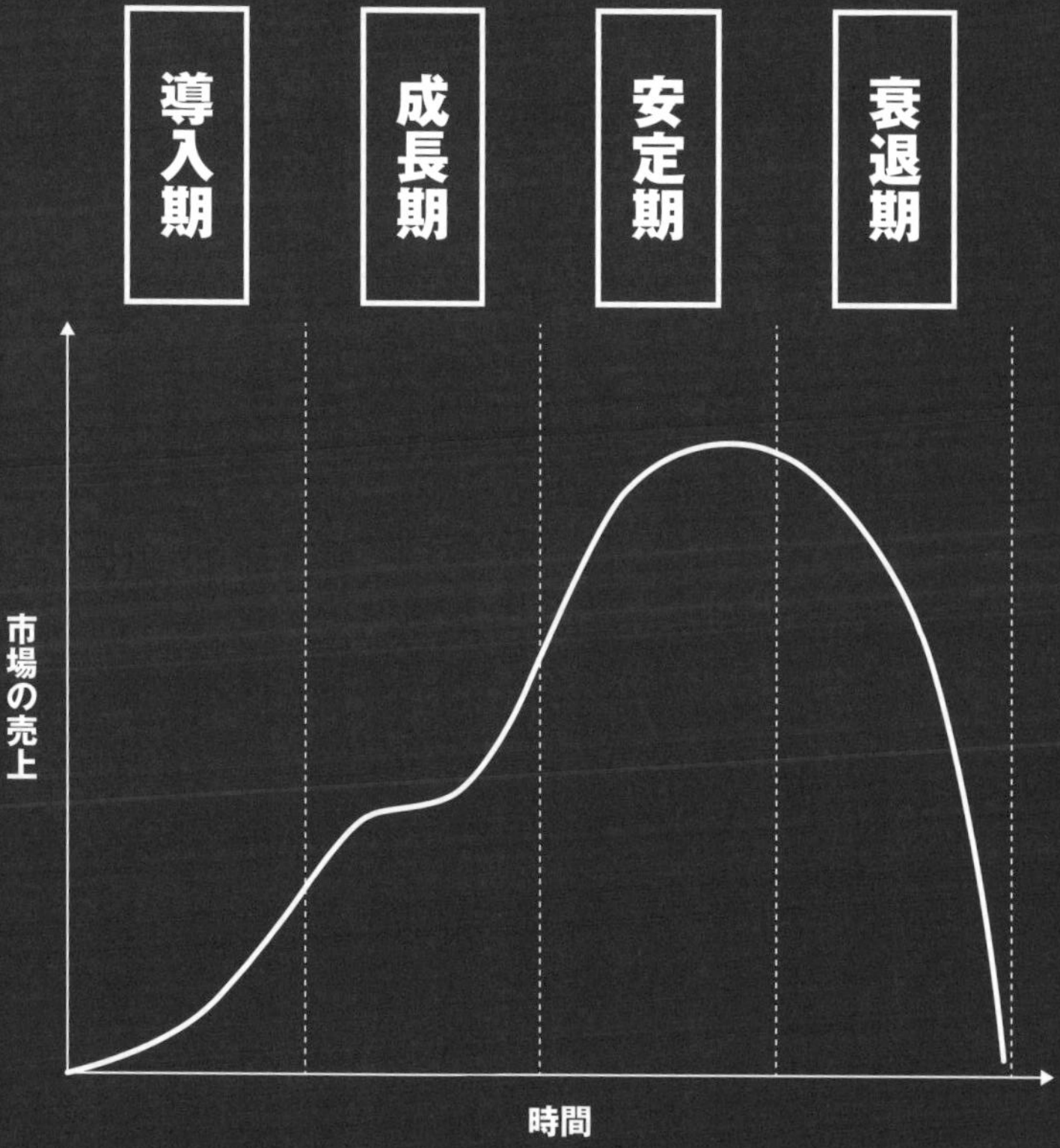

に飽きられ始めたことを表します。

自分が売っている商品が安定期に入ったら、または、遅くとも安定期から衰退期に入ったら、その商品を進化させるか新しい商品を投入する必要があります。

しかし、安定期がまだしばらく続くだろう、再び成長するかもしれないといった淡い期待をもっていると、多くの店が商品と一緒に衰退します。特に個人店は日々の業務と目の前の売上に追われやすく、自分の商品がサイクルのどこにいるか把握できなかったり、安定期や衰退期にあると分かっていても、進化させるための取り組みが後回しになったりします。

それを防ぐためには、時流に目を向けて世の中の人の嗜好や価値観の変化に敏感になる必要があります。FCはその支援を行う役目があり、商品の進化や新商品の開発を代行して再び導入期に戻る機会を提供します。

付加価値を高めて1杯1000円を当たり前にする

コンセプトが決まると、自ずと提供価格も決まってきます。例えば、割烹系なら高め、大衆系なら安めの価格設定になります。どちらにおいても重要なのは繁盛店にすることです。ただ、FCの方針としては、体験価値を売ったり付加価値を高めたりすることにより、提供価格を高くしていきたいと思っています。

最終的なコンセプトは商圏のニーズなどを踏まえて決定しますが、系統としては私たちは割烹系を推しています。割烹系は価格帯が高く、店内の雰囲気も高級感を演出できるため、お客様の体験価値が高くなります。つまり付加価値をつけることで価格を高くでき、売上を伸ばしやすくなり経営も安定しやすくなるのです。

私が２００９年に開いたラーメン屋では当時ラーメン1杯６５０円でした。今のラーメンの平均価格は８００円台で、私たちの直営店では、最も安いラーメンが８８０円です。

今後、私はこれを１０００円に引き上げ、ＦＣ内ではそれ以上の値段で売れるようにする計画をもっています。原価の面では、豚骨をはじめとする材料がこの10年で大きく値上がりしていますので、ラーメン業界内にいる一人としてラーメンの価格が上がるのは当然だろうと思います。原価から計算して、かつてのように５００円や６００円ではラーメンがつくれない状況になっているのです。

また、世の中全体の傾向としても、人の購買意思決定の基準として、**デザイン性が高いものを重視**するようになっていると感じます。

これは機能と情緒に分けて考えると分かりやすいと思います。人がものを買うときには、機能または情緒を見て判断します。機能は、例えば、便利、早い、小さい、大きいといったことで、これらの機能を求めるとき、多くの人が安いほうが良いと考えます。出張で泊まるホテルを選ぶときに、「どうせ寝るだけだから安いホテルでいい」と考えるわけです。

一方、家族旅行など記念になる旅行は豪華なホテルに泊まろうと考えます。これが情緒です。便利さよりも快適さ、利便性よりデザイン性を重視して、そこにお金を払います。

ラーメン屋においては、もともとが大衆系の料理ですから、おなかを満たす、早く食べられるという機能の面もありますが、一方ではきれいな店で食べたい、デザインが良い空間で食事したいと考える人が増えています。割烹系が人気があるのもその証で、そのことからもファストフードとしての要素より、ラーメンをおいしく楽しく食べたいというニーズが高まっているように感じます。

実際、私たちの店でも1500円前後の特製ラーメンを提供していますが、よく売れています。味のみならず、店の雰囲気やサービスの面で価値を感じてもらえれば、ラーメン1杯1000円は現実的な価格だと思います。逆に1杯300円のラーメンは、味がおいしかったとしても安さが引き立ち、「なんでこんなに安いのか?」「何の材料を使っているのだろう?」といった怪しさを感じてしまう時代になるのではないかと思っています。

二極化する未来に備える

ラーメンの平均価格が上がっている傾向を踏まえると、今後は2000円、3000円のラーメンが増えることが予想されます。そのためにはさらに付加価値をつける必要がありますが、現状のように高級食材を使ったり具を増やしたりして価格を上げるのではなく、店の雰囲気やサービスの価値など無形の価値を高めることで、値段を上げていくケースもあるだろうと思います。つまり**味のみならず体験価値を高めることが求められる**ということです。

例えば、視認性が大事なラーメン屋は、2階以上の場所にある空中階の店は繁盛しにくいといわれます。しかし、高級志向が進んでいけば、あえて視認性が悪い雑居ビルの7階などに店を借りて、店名も出さない会員制や紹介制の高級ラーメン屋が登場する可能性もあります。単価が高ければ集客数を追わなくても経営は成り立ちます。また、出迎えのドアマンがいたり、接客担当がついたり、そのような点で付加価値を高める店があってもよいと思います。そのような店は、私個人としても挑戦してみたいと思いますし、勝算もあると思います。

さらに一歩踏み込むと、今後のラーメン業界は機能重視の大衆的なラーメン屋と、情緒重視の高級ラーメン屋の二極化が進むだろうと思っています。

大衆的なラーメン屋は、例えば、注文をＩＴ化したり配膳ロボットを使ったりしてコストを抑え、最終的には無人経営になります。高級ラーメンは有人で、サービスを通じた体験価値で満足させる店になっていきます。

ラーメン屋だけに限らず、飲食店全体として今が過渡期です。二極化が進めば、安くもなく、かといって価値提供もないどっちつかずの店では経営が厳しくなりますので、オーナーになるのであれば自分がどちらの方向を目指すのかを考える必要があります。

麺を通じておなかをいっぱいにするだけでなく、人を通じて胸をいっぱいにすることをミッションとしている私たちは、有人で高いサービスを提供する店を目指していますので、加盟店にも、その考えに共感し、同じ船に乗ってくれる人に来てほしいと思っています。また、同じ方向を目指すオーナーに向けて、二極化時代を勝ち残るコンセプトを考えていきたいと思っています。

ステップ❹ 内装・外装の工事（店づくり②）

コンセプトが固まったら、次は「店づくり」です。店づくりは、コンセプトを踏まえて内装と外装を決めます。また、店の存在をより多くの人にアピールするため、店名にもこだわります。

内装と外装の工事はデザインが大切で、コンセプトにも深く関わります。また、内装は店内の快適性、外装は集客しやすさが重要で、私たちはそれぞれの分野でノウハウがあります。例えば、内装については料理がおいしく見える電球、隣の人との距離を不快に感じないレイアウトなどがあり、電球のワット数から席と席の間の距離まで数値化もしています。

工事に掛ける費用はオーナーによって異なります。工事費用は平均では５００万円ほどで、この金額が一応の目安ですが、予算に余裕があるオーナーが１０００万円掛けることもありますし、逆に余裕がないため３００万円でつくることもできます。

予算が多いほうが内装も外装もできることが増えます。ただ、少資金でもあるものを使いながらコンセプトに合う店がつくれます。

例えば、ある店は予算が少なかったため、居抜きで借りた物件の前の店名である「中華飯店・北京」を残し、その横に「でした」と書いた小さな看板をつけてリニューアルしたところ、たくさんの反響がありました。内装についても、柱、梁、床などだけの状態（スケルトン）からレイアウトを考えることもできますし、居抜きであれば残っている設備や什器などを使いながら安全で効率よいオペレーションになるレイアウトを考えます。

また、資金があっても、居抜き物件の雰囲気が良ければ、それを活かして内装や外装を考えることもあります。加盟店では、将棋と囲碁の店のあとにつくった店で、昭和っぽさを感じさせる外観が魅力的だったため、その部分を残して外装工事を行い繁盛した例があります。

非日常を味わえる空間をつくる

内装のポイントは体験価値を高めることです。レイアウトの基本として、私たちは客席から厨房が見えるつくりにしています。これはつくっている様子を見せることでライブ感を演出する狙いがあります。ただし、厨房の細部まで見ることはできません。大事なのは**非日常のワクワク感をつくり出すこと**で、厨房の汚れた部分やガス湯沸かし器のような生活感がある設備は見えないようにしています。

また、価値があると感じてもらうためには快適さが大事です。そのため、隣の席との間隔も一般的なラーメン屋より広くしていますし、ラーメン屋は回転数を意識しますが、私たちは快適度を重視しています。

加盟店の例では、愛知県で開業した鶏白湯そばの店はオーナーが内装に予算を掛けたこともあって、高級感ある仕上がりになりました。店内に木を植えたインパクトがある店で、そのような珍しい環境で食事をすることが体験価値になっています。また、この店では専用のＢＧＭもつくっています。ラーメン屋は有線をかけていることが多いのですが、五感で快適だと感じてもらうために私が三味線の曲を選びました。

店名のインパクトを重視

店づくりの過程では、店の認知を高めるためのネーミングも重要です。例えば、直営店に「だしと麺」というラーメン屋があります。だしにこだわった割烹系の店です。

割烹系ですので、店名の書体は筆文字にしました。また、だしは漢字で出汁ですが、よく見ると「汁が出る」という字面が気持ち悪いと感じたため、平仮名の「だし」にしました。

コンセプトである高級感を演出するために店内から日本庭園が見えるようにしました。また、食器とBGMは和風にしています。全体を割烹の雰囲気でまとめているなかで、プラスチックの食器を使っていたら統一感が壊れます。

店づくりでは、この統一感が重要です。だしの香りをきかせた味（味覚と嗅覚）を中心に、視覚（食器や庭園が見える窓）、聴覚（音楽）、触覚（食器）など五感でコンセプトを感じられるようにすること、言い換えると、**五感で感じたときに違和感が生じないようにすることで居心地が良い店ができる**のです。

また、ネーミングについては、認知を高めることを目的として、インパクトがあり、見た人の注意を引く店名にしている店もあります。

直営店の「必死のパッチ製麺所」がその一つです。必死のパッチは関西弁で死に物狂いで頑張るという意味です。

この店は道路沿いにあり、視認性がいまひとつでした。車で通る人には0・5秒くらいで看板を見てもらわなければならず、一瞬で覚えてもらうために、インパクトがある店名にすることにしました。

必死のパッチ製麺所という店名を見ても、製麺所という言葉からかろうじてラーメン屋であることは分かりますが、何ラーメンかは分かりません。どんな店かも分かりません。しかし、大事なのは視認性であり、0・5秒で「あ、あそこにラーメン屋がある」と気づいてもらうことです。そこに重きをおいているため、ラーメンの説明よりインパクトを重視しました。

これは消費者の心理を説明する「AIDMA（アイドマ）の法則」を踏まえています。AIDMAは、Attention（注意）、Interest（興味）、Desire（欲求）、Memory（記憶）、Action（購入）の頭文字を取ったもので、消費者がこの順番で購入に至ることを示しています。大事なのはAttentionがスタートになるということで、インパクトある店名は、その入り口をつくる意味があるのです。

同じ目的で、愛知県には「ラーメンは飲み物です。」、岡山県には、その店名を少しアレンジ

AIDMA（アイドマ）の法則

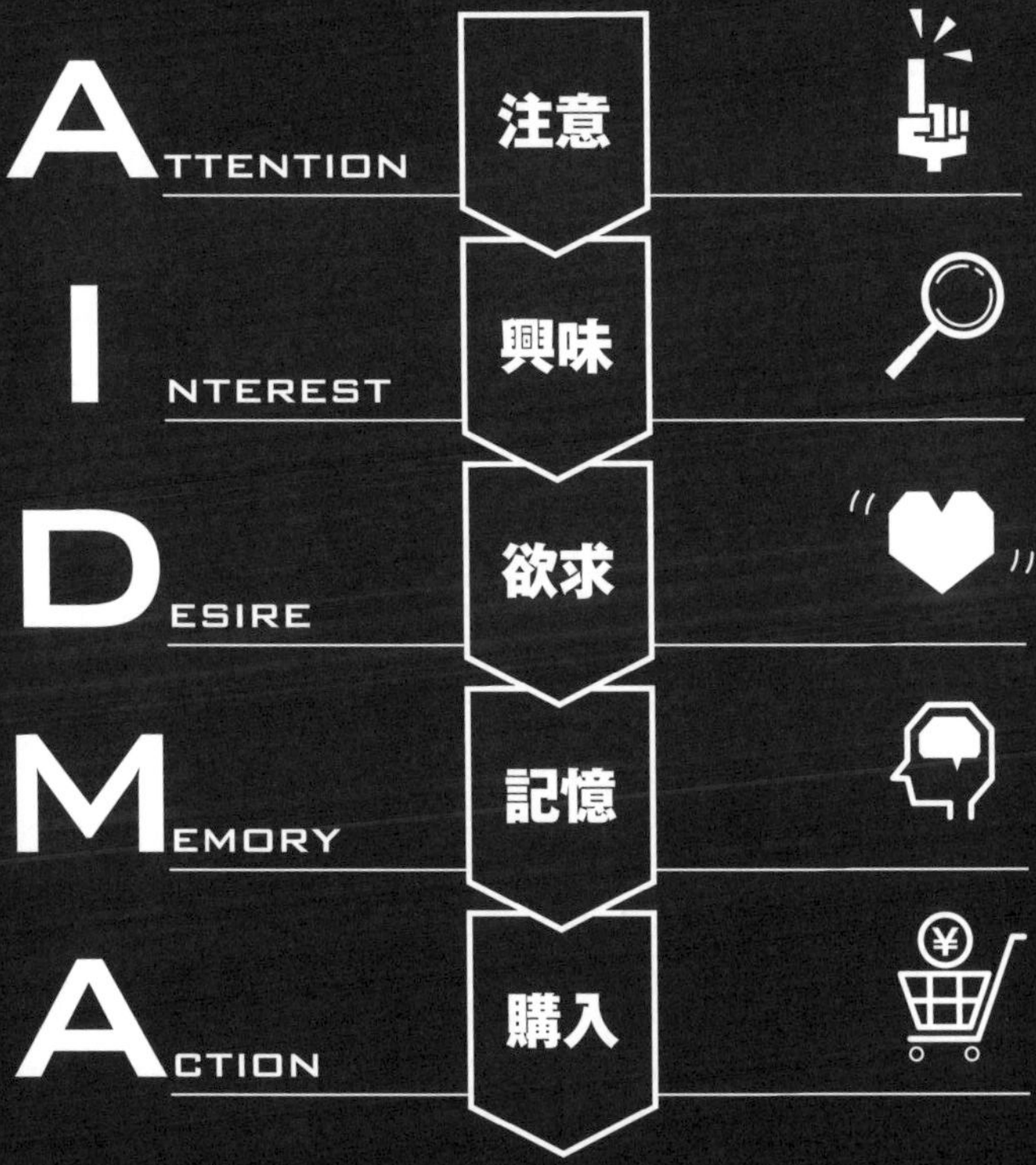

した（ローカライズとまではいきませんが）「ラーメンは飲み物じゃ。」があります。この2店も、店名だけではラーメン屋だろうということは伝わりますが、それ以外の詳細は分かりません。しかし、認知度重視ですので、それで十分です。むしろ「どんなラーメン屋なのだろう」とイメージが湧きやすくなり、来店動機にもなるのです。

動きやすいレイアウトを考える

内装は、オペレーションの効率を考えた厨房のレイアウトも重要です。例えば、食べ終えたお皿などは厨房に下げますが、その動線と商品をお客様に出す動線が重なるとぶつかる危険があります。そのような視点でレイアウトを考え、無駄がないオペレーションを構築することが大切です。

オペレーションを効率化するために調理器具の開発もしています。例えば、作業効率を高めるために、マグネットが強く落ちにくいタイマーや私たちのFCオリジナルのレードルをつくっていますし、スープの量が多く見えるラーメン鉢もオリジナルでつくっています。

また、鶏白湯、魚介、味噌といった3種のメニューがある場合、私たちの店では3種の鉢を使います。例えばエビのラーメンであれば赤系の鉢、豚骨なら重厚感が出る黒い鉢にすると決め、どの鉢に、どの種類のラーメンが入っているか一目で分かるようにすることで、配膳時に間違えたり、どれか迷っている間にスープが冷めたりするのを防いでいます。

設計で従業員満足度を高める

従業員満足度を高める内装にもこだわっています。

お客様満足度を高めるためには従業員満足度を上げる必要がある、**従業員のモチベーションが上がらなければお客様が喜ぶサービスは提供できない**、というのが私たちの考えです。そのため、内装の設計も従業員満足度を重視しています。具体的には、通常の店は集客数を増やすために店内の3分の2をお客様席にします。しかし、私たちは逆で、3分の1をお客様席、3分の2を厨房とバックヤード（従業員の休憩スペース）に使います。

バックヤードには、休憩スペースをつくり、エアコンを設置しています。また、着替える場所もつくっています。ラーメン屋のなかには、着替えるスペースがなかったり、トイレで着替えたり、自宅から制服を着てくる仕組みにしているところがありますが、私たちの店は女性従業員が多いため、安心して着替えられる場所をつくっています。スペースがあれば従業員専用のトイレもつくります。

バックヤードには調味料やトイレットペーパーの在庫など、お客様の目に入ると非日常感が損なわれるものを置いていますが、これらはきれいに管理し、掃除の手順も組んでバックヤードを常にきれいにしています。これは従業員の働きやすさを高めると同時に、離職率を下げることにもつながります。

ポップでメッセージを伝える

ひととおり内装工事が終わったら、ポップを貼ります。ポップはおすすめの商品を宣伝したり店からお客様へのメッセージを伝えたりするもので、その目的はスタッフが説明したり営業したりしなくても、お客様がポップを読むことで売りたいものや伝えたいことが理解できるようにすることです。

例えば、持ち帰りできる商品があれば、それをポップに書いて貼り出しておきます。すると、お客様は持ち帰りがあることを認識し、購入を検討します。そのうえで、従業員が「持ち帰りもできます」と声掛けすることで購入する可能性が高くなります。

忙しい時間帯の回転数を上げたいときもポップが有効です。例えば「混雑時は滞在時間を30分とさせていただく場合がございます」と書いておくと、お客様は日本人らしい律儀な人が多いこともあって、滞在時間を気にしてくれます。

また、そのようなお願いをポップで先に言っておき、そのうえで従業員の声掛けを組み合わせます。例えば、待っているお客様がいたとしたら、ホールからキッチンに「お待ちのお客様、2名様、3名様、4名様です」と伝えます。その声はほかのお客様にも聞こえるため、そんなに待っているなら早く食べようと思ってくれます。

ポップは、ポップそのものでメッセージを100%伝えるのが理想ですが、オペレーションと連携させることによってより強くメッセージが伝わりやすくなります。

また、よりおいしく食べてもらうために、食べ方の指南書を貼っておくこともあります。例えば、「ラーメンが来たら20秒以内に写真を撮りましょう」「まずスープから味わってください」「麺を啜って小麦の香りを感じてください」「塩分濃度が高いのが当店のラーメンの特徴です」などと食べ方や特徴を伝えることで、お客様は安心しておいしく食べることができます。

外観もローカライズで地域になじませる

外観は、まず店舗デザインのローカライズが大事です。おしゃれさは大事ですが、追求していくと東京などの最先端の店のようなデザインになります。それは東京ではなじむ場合が多いですが、地方ではかえって浮いてしまう可能性があります。そのため、商圏内の感度の少し先をいくデザインに抑えます。奇抜な店だと思われない、入りにくい店だと感じさせないという点で、味決めと同じようにローカライズによって商圏内の人たちと目線を合わせ、なじみやすく愛される外観にすることが重要です。

私たちのＦＣでは、デザインは外部のパートナーに依頼しています。ＦＣを始めた当初は私がデザインを考えていましたが、加盟店が増えるにつれて時間が取れなくなり、外部に依頼するようになりました。

以来、私の負担は大幅に軽くなりました。これもＦＣ活用の利点に通じることだと思います。自分の店を自分でデザインしたいと考える人もいますが、個人でデザインまで手掛けるのは手間が掛かります。視認性を高めて、出入りしやすい設計にするには、専門知識をもつ人に依頼したほうが良い店構えになることも多いのです。

のれん、のぼり、看板で店を周知

集客の面では、外装でいかに店をアピールできるか、いかに人を呼び込めるかが大事です。

店をアピールする視認性を高めるためによく使うのは、のれん、のぼり、看板です。

のれんは、割烹系は高級感がありスタイリッシュな雰囲気にし、大衆系はインパクトがあるのれんにするのが基本です。また、インパクトある店名を利用して、何の店だろう、どんな店だろうと興味を引くことも重要です。

のぼりは、現地調査で店を確認するときに、どこに、何本くらいののぼりを立てられるか確認します。店舗によってはのぼりを立てるスペースがない場合もありますが、その場合は国旗を掲げる際に使う壁の旗立て（フラッグスタンド）を使ってのぼりの代わりにします。

また、のぼりはレギュラーとジャンボの２つのサイズがあります。重要なのは視認性を高めることですので、置くスペースがあれば目立ちやすいジャンボを置くことを勧めています。

のぼりについては、サイズも重要ですが本数も重要です。最低でも２本、できればそれ以上の数を並べることで店の存在をアピールできます。その際のポイントは、同じのぼりを並べることです。ラーメン、醤油ラーメン、唐揚げなど複数ののぼりを並べるより、ラーメンだけで統一したほうが店の存在が伝わりやすくなるからです。

ただし、ずっと同じのぼりを立てていると、店前を通る人にとって景色の一部になってしまいます。それを避けるため、１週間に１度くらいのペースでのぼりを入れ替えます。例えば、今週はラーメン、来週はつけ麺、その次の週は豚骨と変えていくことで、店前を通る人は景色が変わったことに気づきやすくなります。

のぼりの文字は、ラーメン屋であることが分かるようにします。何ラーメンかを伝えるより、ラーメン屋であることを伝えることを優先します。のぼりの色と文字は店のファサードや外装と合わせることで統一感が高まります。

のぼりについてもう一つ重要なのは、グランドオープン前から立てておくことです。できれば契約した瞬間から立てることを勧めます。開店前でものぼりがあれば、店前を通る人に向けてラーメン屋ができることを周知できます。

特に外観がカフェっぽい場合や割烹系の場合は、のぼりで周知しないとラーメン屋だと認識されません。おしゃれなラーメン屋ができる期待感を高めていくために、加盟店にはのぼりをできるだけ早く出すように勧めています。

開店後も、のぼりは出しっぱなしにすることを勧めています。のぼりは店が閉まっているときでも店の存在をアピールしてくれます。オーナーのなかには、のぼりを取られたり汚れたりすることを心配して営業終了後にしまう人がいますが、やらないほうが良いと思います。のぼりは1枚1000円くらいですので、たとえ汚れたとしても、出しっぱなしにして24時間宣伝してもらうほうが、費用対効果が大きくなるのです。

看板も、のぼりと同じように、現地調査で店を確認するときに、どこに、どれくらいのサイズの看板が置けるかを見ます。

ラーメン屋でよく使うのは、横から見て三角形（アルファベットのＡ）に見えるＡ型看板です。ラーメン、ギョーザ、つけ麺といった具合に電飾の文字が変わる看板を使う店もありますが、伝える内容が変わると読みづらくなり視認性も低下するため、Ａ型看板を使うほうが良いと思います。

看板に書く内容は、一押しの商品に絞り、いろいろとアピールしないことが大事です。居酒屋に行くと、ビールの値段からその日のおすすめまでさまざまな情報を書いていますが、それを丁寧に読む人はほとんどいません。通りすがりの人は文字が小さくて読めません。

そのため、看板にはお客様に勧めたい料理を大きくアピールします。のぼりでつけ麺、看板でもつけ麺と両方で告知すれば、お客様はつけ麺を食べなければと思います。初めて入店する場合は特に失敗したくないという気持ちが働きますので、最も自信があるはずの一押し商品を食べてもらうことが大事ですし、その結果としてお客様の満足度も高くなります。また、季節の商品や期間限定ラーメンがある場合には、提供開始とともに看板でアピールすることも大事です。

店内の様子を見せ安心感を与える

ファサードは、初めての人でも入りやすい雰囲気にすることが大事です。そのための方法として、まずは店内を明るくします。人は明るい場所に集まりますので、ライトで店構えを明るく見せることで入りやすい入り口に見せることができます。

また、店内の様子が見えるようにすることも大事です。初めて入る店の場合、中が見えないと不安を感じます。失敗したくないと考える人は、中が見えないという理由だけで店に入るのをやめることもあります。

入り口を開けっぱなしにできる場合は、中の様子やお客様が入っている様子が見えるようにして、安心感を与えます。ドアが開いていると従業員の活気ある声も外に聞こえますので、それも人を呼ぶ要素になります。開けっぱなしにして虫が入るようであれば透明のビニールカーテンを使って防ぐことができます。ドアが小さい店や、開けっぱなしにできない店の場合は、壁の一部を抜いてガラス窓にすることも考えます。

ステップ❺ レセプション（店づくり③）

店の工事が終わり、従業員教育ができたら、いよいよグランドオープンです。ただし、その前の最終チェックとしてレセプション（試食会）を開くことが大事です。

レセプションは単なる関係者向けの試食会ではありません。味決めやコンセプト設定からスタートして繁盛店をつくる仮説がうまくはまっているか、機能するかどうかを確認し、調整する場です。レセプション参加者の反応を見て、麺やスープを変えたほうが良いと思った場合には、この機会を活かして改善します。

私たちの店では、開店前に3回ほどレセプションを開きます。過去にレセプションでの反応を見てラーメンを変えたことがあります。

ある店では、チャーシューを変えました。当時、大阪では豚のレアチャーシューが流行っていました。私はそのような流行りにアンテナを張っていますので、これを活かして話題性のある店にしようと考えたのです。

ところが、思惑は大きく外れます。レセプションでラーメンを出すと、好評を得るはずだったチャーシューを残した人が続出したのです。

流行りをとらえたのは良かったのですが、その流行りは商圏では求められていませんでした。

つまりプロダクトアウトの考えで「レアチャーシューを食べさせたい」「流行らせたい」という気持ちになっていたのです。

そのことに気づいて、私は商圏と目線を合わせることにしました。そして、レアチャーシューを普通の煮豚に変えて、再び反応を見ることにしました。

その結果、ラーメンもチャーシューも高く評価され、安心してグランドオープンに向かうことができたのです。

味を変えるかどうかについての考え方として、レアチャーシューが流行っていたことは事実ですので、そのまま変えずにやがて来るブームを先取りする方法もあります。しかし、私たちはそれは狙いません。ローカライズできていないラーメンを提供すると、開店早々にお客様を失ってしまう可能性があります。おいしくないと評価されたら、彼らが再び来店してくれる可能性も見込めなくなります。

それを避けるために、やがて来る可能性のあるブームより、目の前の人に刺さっているかどうかを重視します。まずは一押し商品をしっかり売れるようにして、時代や流行を踏まえたアレンジは、そのあとに行っていくほうが良いのです。

中華そばの店では、グランドオープンの3日前にメニューを変えたことがありました。この店では中太のちぢれ麺を使ったラーメンを主軸にする予定でした。しかし、レセプションで食べてもらうと、おいしくなさそうに食べている人が何人もいました。その原因が麺であることも分かりました。

そこで急遽、商圏内の繁盛店に食べに行きました。すると、その店は細麺を使っていました。私は、中華そばは中太のちぢれ麺が合うと思っていましたが、その商圏では細麺のほうが好まれていたのです。

それが分かったため、加盟店の麺も細麺に変えました。すると次のレセプションではおいしいという評価の声が出て、その声を後押しとしてグランドオープンすることができました。

私たちはローカライズを前提にカスタムでラーメンをつくるため、複数の麺を扱います。ちぢれ麺のほか、太麺、中太麺、細麺、うどんまで幅広い製麺業者を知っています。グランドオープン３日前の変更に対応できたのは、そのつながりがあったからです。これも一品一看板ではないFCを活用する利点といえます。

ステップ❻　従業員教育（人づくり①）

開店が見えてきたら、最後の取り組みは「人づくり」です。マニュアルを活用してQSCのレベルを高めるとともに、味と店との統一感がある接客を構築して店の価値を高めます。

私たちのＦＣでは本店で研修を行い、接客の基本を学んでもらいます。この場にはオーナーにも参加してもらいます。オーナーには接客の細かなことは教えませんが、マニュアルを使いながら教え方を覚えてもらいます。

教育と育成を通じた人づくりは私たちＦＣの強みであり、力を入れている取り組みでもあります。力を入れる理由は飲食業がピープルビジネスであり、人を通じて人々の心を元気にすることをミッションとしているからです。

従業員の教育は誤解をなくすことが大事です。誤解は、オーナーが期待する行動と従業員が期待されていると理解している内容が違うことによって発生します。これは修正しなければなりません。そのための方法が言語化と数値化です。

また、店として従業員に期待することを細かくまとめたマニュアルと、その根底にある考え方や価値観を言語化したクレドです。人づくりに強い私たちは、クレド策定や詳細なマニュアルの提供を通じて加盟店の人材を育て、人が主体となるサービスの質を高める支援をしています。

接客ではＱＳＣの理解が大事です。特に人が関わる分野としてはサービスが重要で、体験価値を売ることができるのもサービスです。

サービスは標準化することが重要です。つまり従業員のなかでのムラをなくす必要があり、

挨拶の種類に応じたお辞儀の使い分け

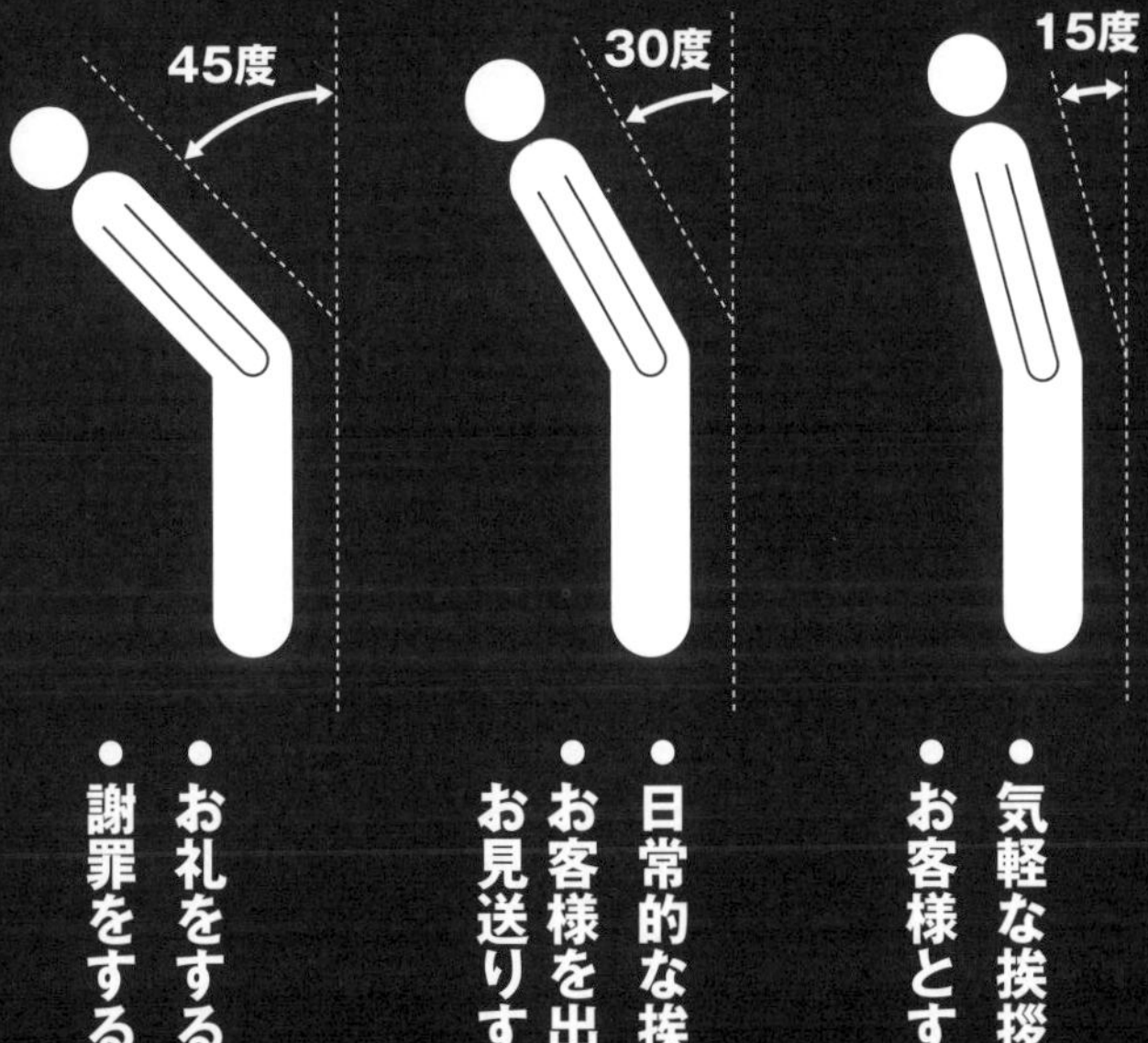

［最敬礼］

- お礼をするとき
- 謝罪をするとき

［敬礼］

- 日常的な挨拶をするとき
- お客様を出迎える、お見送りするとき

［会釈］

- 気軽な挨拶をするとき
- お客様とすれ違うとき

挨拶の仕方が異なったりサービス方法が違ったりすると不信感が生まれ、クレームの原因にもなります。

そのために使うのがマニュアルです。マニュアルは分かりやすく、理解できることが重要で、その点を重視して、私たちが加盟店に配っているマニュアルでは、あらゆるポイントと注意点を写真付きで解説しています。例えば、挨拶する際の角度、身だしなみのNGを写真で示すことにより、口頭で伝えるよりも理解度が深まります。

クレド実行のトレーニングで思考と行動を統一

「人づくり」の施策として、私たちFCはクレドを浸透させるための施策なども伝えています。これにはいくつかの施策があります。例えば、直営店では「1日1クレド」という施策があります。10以上あるクレドのなかから1つ選び、そのクレドを意識した行動について1日の終わりに報告してもらうという取り組みです。

チームプレーというクレドを例にすると、まずは今日のクレドを伝えます。チームプレーの内容は、「私たちは一つのチームです。長所を伸ばして短所を補うことでチーム全体として最大の力を発揮します」というもので、この内容を意識して行動し、その結果を発表してもらいます。

発表は直営店のチャットツールで行い、従業員に発表をアップしてもらい、クレドについて考える機会を提供しています。

これを繰り返していくことで、仕事の根幹であるクレドの意識が維持しやすくなります。クレドの内容を忘れないようにするためのトレーニングの狙いもありますし、忙しく働いているなかでもクレドの内容を意識しやすくすることで、仕事の取り組み方も良くなります。

仕事に没頭していると、何のために働き、誰を幸せにしようとしているのか忘れやすくなります。これは仕方がないことですし、人はそもそも忘れっぽい生き物です。

しかし、完全に忘れてしまうと仕事はお金を稼ぐ手段に成り下がってしまいます。それを防ぐには、何のため、誰のためのクレドなのかを思い返す機会が必要ですし、それを仕組みとして提供していくことで、クレドを踏まえた思考や行動が自然とできるようになります。

このような施策も加盟店に共有します。これも個人店では実現しづらく、ＦＣを活用する利点の一つです。

女性の採用を推進

加盟店向けのアドバイスでは、女性の採用を積極的に検討しましょう、と伝えています。ラーメン屋は、暑い厨房で重い寸胴を持ち上げたり、修業をして独立するイメージがあったりするせいか、男くさい業界だと思われています。実際、世の中には男性しかいないラーメン屋がいくつもありますし、私たちの会社も昔は男性9割、女性1割の比率でした。

しかし、今はその比率が逆転し、従業員300人の8割、240人が女性です。また、私たちのFCはマニュアル化によってパート従業員でも店長などの要職を務めることができます。その影響もあって、直営店の店長はすべて女性です。しかも、子育てしているパート従業員です。

接客の観点から見ると、女性のほうがお客様への気配りがうまく、人当たりも良いように感じます。女性はそもそも華やかな存在ですから、女性従業員がいると店の雰囲気も明るくなります。

男性従業員が良くない、ということではありません。働き手の確保が難しい時代では、男性しか応募してこない会社より男女両方が応募してくる会社のほうが人材のリスクが小さくなります。

飲食店FCでは、もともとハンバーガーチェーンで女性従業員が多かったのですが、最近はうどんチェーンでも女性が増えています。ラーメン屋もその流れを受けて、今後は女性従業員が増えていくだろうと予想できます。

女性従業員を増やしていくためには、まず女性が働きやすい環境を整える必要があります。設備の面では更衣室をつくるなどの準備が効果的ですし、女性はパートで働く人が多いため、シフトの調整や休みを取りやすくするなど制度の見直しと改善も必要です。

ステップ❼ 開業後の継続的な運営支援（人づくり②）

開業後は、集客やオペレーション改善などに関する支援を通じて、従業員のレベルアップを行います。具体的には、開店から1カ月ごとに3回のリモート面談を行い、困りごとや悩みごとの解決を支援します。また、私は月に2、3本のペースで繁盛するラーメン屋づくりのYouTube動画をつくっていますので、その動画数を増やしてオーナーと共有することで、経営のヒントとして役立ててもらいます。

開業した加盟店に向けた支援として、私たちはSNS活用のポイントを伝えています。具体的には、Twitter（現・X）、Instagram、TikTokを使って店の情報を発信したり、店についてコメントした人とコミュニケーションを取ったりする人を育てる、つまり店を宣伝できる人をつくるということです。

あらゆる情報が発信、拡散されるＳＮＳは、店にとって最強のマーケティングツールです。ブランディングにも活用できますし、しかも無料で使えます。むしろ、誰もがＳＮＳを使う時代では、ＳＮＳを使わないことは広告手段を放棄することに通じ、時代に取り残されることにもつながります。

広告手段として、駅の看板に広告を出したり、テレビや新聞などマスメディアでの広告を考えたりする人もいると思います。しかし、世の中を見渡せば分かるとおり、それら広告物に目を向けている人は少なく、しかも減っています。駅で電車を待っている人たちは看板広告ではなく手元のスマホを見ています。家でもテレビではなくスマホを見ていますし、新聞は購読率が悪くなる一方です。つまり広告を考える際に重要なのは、いかにスマホの画面に出るかであり、そのための手段がＳＮＳなのです。

人は、あまり興味がないことでも、接触回数が増えることで興味をもつようになります。これを単純接触効果といいます。テレビが力をもっていた頃は、ＣＭソングを何度も耳にしているうちに、その歌を覚え、その商品への興味が湧くことがありました。今はスマホ時代ですから、Twitter（現・X）に名前が出る、Instagram に写真が出る、TikTok にショート動画が出るといった接触を通じて、店が認知され、興味をもってもらえます。

オーナーは、そのために投稿を続け、情報発信していくことが大事です。SNS時代において、投稿は営業活動の一つなのです。

やらない人が多いからチャンスになる

加盟店に伝えているSNS活用の基本は毎日投稿することと、店に関するコメントをハッシュタグで探し、コメントに対するリプライをすることです。

毎日投稿するのは、投稿数が多いほど誰かの目に触れる可能性が高くなるからです。また、投稿を繰り返すほど投稿することが習慣化します。

リプライを送る理由は、来店のコメントであればお礼ができ、そのやり取りがきっかけでファン獲得に結びついたり、投稿者の知人や友人に口コミで店の存在が広がったりする可能性があるからです。ネガティブなコメントについても、店に非がある場合には謝罪することで悪い口コミが広がるのを防ぐことができます。そのようなコメントを読んでいくことで、お客様の評価の良し悪しを把握することもできます。

ただ、実際にこの2つができている加盟店は多くありません。「知る」「分かる」「できる」「続ける」のサイクルで、ＳＮＳの重要性を知り、「分かる」ところまでは進みますが、「できる」のステップで止まってしまいます。または、投稿したとしても、投稿するネタがなくなり「続ける」のステップに進めません。

ネタ切れしたなら、ネタ切れしたことを投稿するのも一つの手です。オーナーの自己紹介でもいいですし、今後の目標を投稿することもできます。

人は頑張っている人を見ると応援したくなるものです。縁もゆかりもない高校球児を見て応援したり感動したりするのも、彼らが甲子園を目指して頑張っているからです。

経営も同じで「こういうラーメン屋にしたい」「こんなふうに人の役に立ちたい」と公言すれば、その取り組みを応援してくれる人が現れるものです。応援者になれば店に来てくれます。周りの人に店のことやオーナーのことを広めてくれます。

加盟店の例では、大学生でオーナーになった人が自分がつくりたいラーメン屋について熱く語り、ファンを増やしました。彼は資金が少なく店づくりに苦労したのですが、ＳＮＳで支援を頼み、ファンの支援によって厨房機材を調達しました。

このような展開は誰にでも起こり得ます。だからこそ「できる」「続ける」のステップに進むことが大事ですし、「できる」「続ける」のステップに進めない人が多いからこそ、進むことが競合店との差別化になるのです。

ＳＮＳは効果が出るまで続ける

加盟店に伝えているＳＮＳ活用のポイントは、顔出しで発信すること、料理の写真や動画だけでなく従業員にも登場してもらうこと、女性の従業員に登場してもらうこと、コメントや写真よりもショート動画をつくることです。

顔出しの発信は親近感が湧きやすく、応援者が増えやすくなります。ラーメン屋のファンは、ラーメンそのものにつくこともありますが、店にファンがついたり、オーナー個人にファンがついたりすることもあります。

特にラーメンのように97点、98点を取るような完成度が高い分野は、商品そのもので差別化するのが難しくなります。その微妙な背比べを頭一つ抜け出すためには、誰がつくっているか、どんな思いで店をつくったかを知ってもらい、人を交えたブランディングでファンを増やすことが大事です。味での差別化が難しいからこそ、味以外の要素で差別化する必要があるのです。

従業員の登場は、顔が見えることで店の雰囲気が伝わりやすくなります。従業員のなかでも女性を登場させるのは、女性が働いている店だと伝わることで、女性のお客様が来やすくなります。動画投稿は、テキストのみの投稿や写真だけの投稿より見られる可能性が高くなるからです。

このような施策に取り組んでも、**SNSはすぐに効果が出るものではありません。**そのため、最低でも1年は続けることが大事です。オーナーのなかには、3カ月で辞めたり半年で諦めたりする人が多いのですが、それはもったいないことです。地味かもしれませんが、続けていればいずれ効果が出始めます。SNSを見て来た、動画がきっかけで店を知ったという人が現れます。そのときまで我慢できる人が成果を得る人なのです。

Webページは不要！ Googleマップで十分

インターネット活用では、Googleマップも重要です。店のWebページをつくって宣伝しようと考える人もいますが、大手チェーン店ならともかく、個人店を検索して情報収集する人はほとんどいません。それよりも、移動中や来たことがない場所で近くにラーメン屋がないか探し、Googleマップ経由で自分の店の存在を知ってもらう可能性のほうがはるかに大きいのです。

Googleマップの活用では、まず営業時間などについて正しい情報を入力し、プロフィール情報を充実させることが大事です。また、お客様からの口コミがあれば、SNSと同じように必ず返信します。

口コミ対応は私たちの店でも行っていますので、どんな内容を返せば良いか分からない場合は、私たちの返信方法をＴＴＰ（徹底的にパクる）できます。返信が難しい場合は代行業者に頼むこともできます。業者のサービス内容はさまざまですが、クレーム対応を含めて口コミの返信をしてくれますし、今週のおすすめ商品を紹介してくれるサービスもあります。

飲食店分野のインターネットサービスではGoogleマップのような飲食店検索ができる有料のサービスもあります。ただ、私の個人的な意見として、Googleマップをきちんと管理していれば、それだけで十分だと思います。また、ネットや雑誌の有料広告も必要ないと思っています。取材依頼を受けた場合には引き受けてよいと思いますが、広告代を払ってまで使う必要性は感じません。

７つのステップを再確認

ＳＮＳやGoogleマップの活用でもう一つ重要なのは、これらはあくまで販促の手段であるということ、そして、販促して実際にお客様が来たときに、がっかりさせない店をつくっておく必要があるということです。

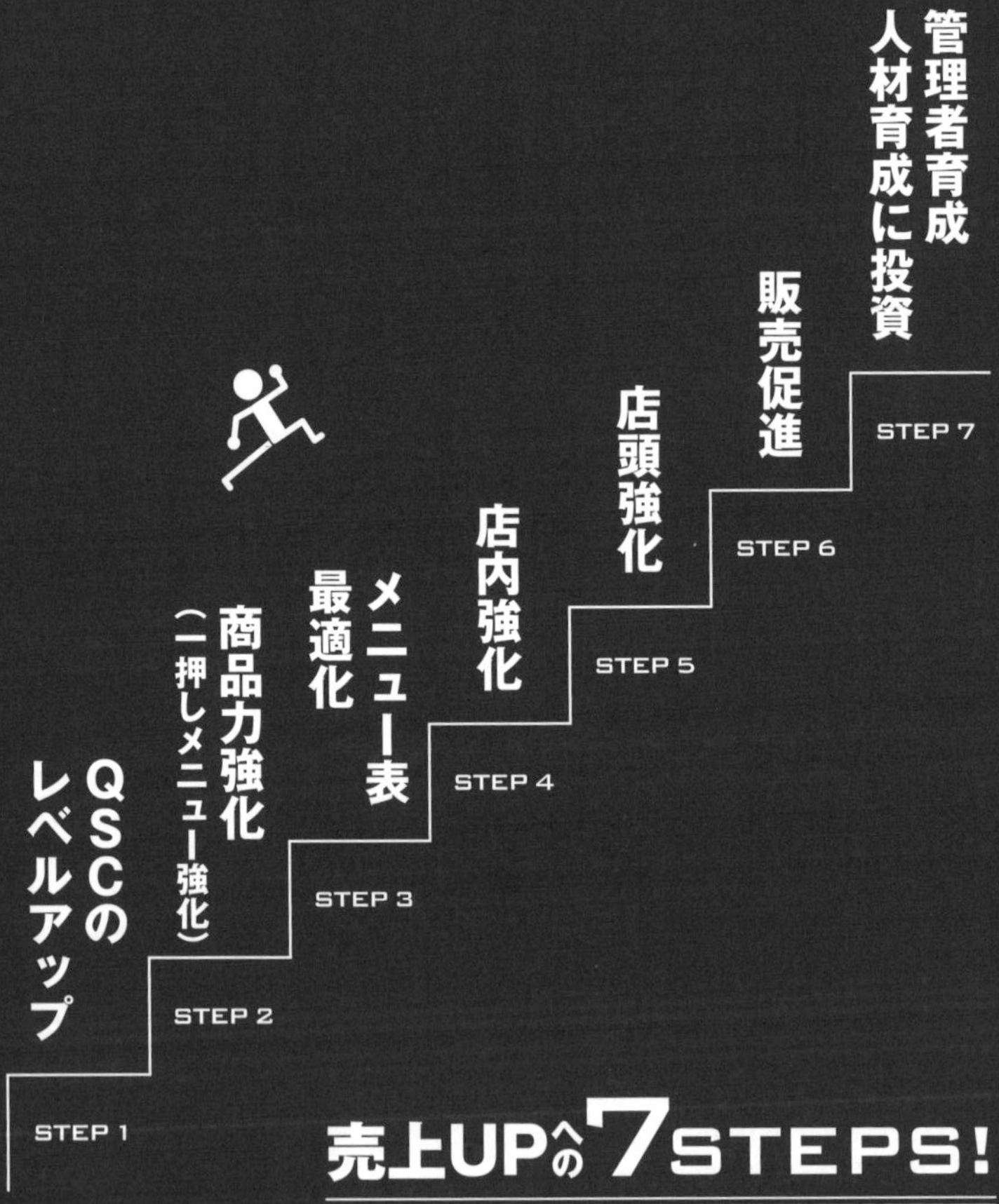
STEP 1
QSCのレベルアップ
STEP 2
商品力強化
（一押しメニュー強化）
STEP 3
メニュー表
最適化
STEP 4
店内強化
STEP 5
店頭強化
STEP 6
販売促進
STEP 7
管理者育成
人材育成に投資
売上UPへの7STEPS!

売上アップの施策は、QSCのレベルアップ、商品力強化、メニュー表最適化、店内強化、店頭強化、販売促進、管理者育成と人材育成に投資という7つのステップに分解できます。ここで重要なのは、**QSCのレベルアップからスタートする**という順番が大事ということです。

QSCができていない状態で販促しても、来たお客様にがっかりされます。一押しメニューが磨かれていなかったり、店内のサービスにムラがあったりする場合も同じです。来てもらうことが店にとってマイナスになります。

私の感覚では、多くのラーメン屋はステップ7まであるうちの一押しメニューの強化（ステップ2）くらいまでしかできていません。それさえも怪しい店もあります。

一押し商品を100点の状態で出せているか、一押し商品を中心とした分かりやすく魅力的なメニュー構成になっているか、従業員のサービスはマニュアルどおりにできているか、のれん、のぼり、看板による視認性は問題ないかなど、そこまでのステップを完璧にできていることが重要で、その確認はSNSやGoogleマップの活用より先に考えなければいけないことなのです。

“島やん流”
ラーメンFCの
「仕組み」を
本業に活かせば

第5章

中小企業はさらに発展していく

経営不安で相談が急増

コロナ禍を境に私たちのFCへの相談件数が増えました。FC店の開業件数を振り返ると、コロナ禍の1年目の2020年は3件（直営店とプロデュースを除く）でしたが、2021年は16件、2022年は17件に増えています。

背景としては、コロナ禍で経営が厳しくなり、不況に強いと認知され始めているラーメン屋経営に興味をもった人が増えたのかもしれません。あるいは、私がYouTubeチャンネルを始めた時期もちょうどコロナ禍と重なるため、動画を観て興味をもった人が増えた可能性もあります。

また、この頃から**異業種などで事業を営んでいる経営者からの相談も増えています**。以前は脱サラしてラーメン屋を始めたいという個人の相談がほとんどでしたが、今は経営者の割合が増えて、オーナー属性で見ると脱サラ組が6割、別事業をもつ経営者4割と拮抗するようになっています。

経営者の業種はさまざまで、焼き鳥屋など飲食店を経営している人もいますし、美容室やデザイン事務所を経営しながら飲食業界に初挑戦した経営者もいます。

うれしいのは、脱サラ組と経営者組という属性の差に関係なく、また、飲食業の経験の有無

新型コロナウイルスによる業種別倒産件数（2023年7月現在）

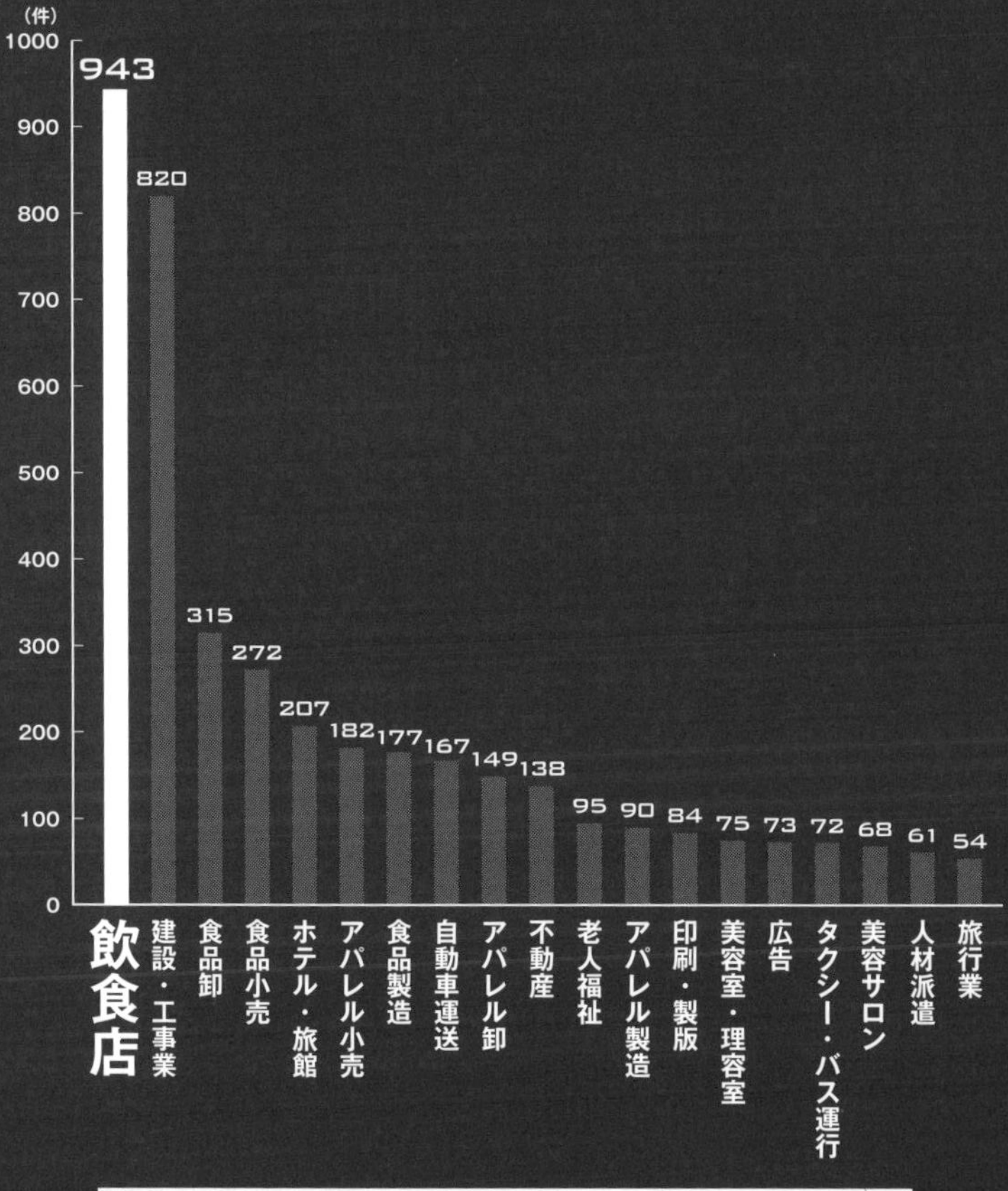

飲食店が最も打撃を受けた

出典：帝国データバンク『特別企画：「新型コロナウイルス関連倒産」動向調査7月31日16時現在判明分』を基に著者作成

も関係なく、私たちＦＣが支援した店がほぼすべて順調に成長しているということです。そもそもラーメン屋経営は10年後に５％しか生き残らないといわれる厳しい業界で、コロナ禍ではほかの飲食店と同様に緊急事態宣言や自粛で大打撃を受けました。飲食料関連産業の活況度合いを見るフード・ビジネス・インデックス（ＦＢＩ）を見ると、飲食サービス業全体の儲けはコロナ前の２０１９年から約３分の２に激減しています。

しかし、私たちＦＣの加盟店は、苦労や課題を抱えながらも着々と収益を伸ばしています。コロナ禍が収束すれば加盟店の売上はおそらく大きな成長ステージに入っていきます。

その点を踏まえて、あらためてラーメン屋ＦＣはすばらしいサービスだと感じますし、おこがましいですが、小規模なＦＣでありながらも加盟店数を伸ばし、彼らの業績を伸ばした**私たちの支援内容は正しかった**と思います。

新たな加盟店オーナーの多くは、有り難いことに私のファンです。ＦＣ加盟の動機を聞くと、ラーメン屋をやりたいからと答えるオーナーも一定数いますが、脱サラ組には「島やんと一緒に仕事がしたい」という人が増え、経営者組では「ラーメンで世の中の役に立ちたい」「自分たちもクレド経営を実践したい」と答えるオーナーが増えています。

そのような声を聞くと「人の役に立とう」と言い続けてきた甲斐があったと実感します。YouTube 動画のために全国各地のラーメン屋に出向いて相談に乗ったり、夜な夜な動画編集に追われたりした苦労も報われた気がします。

FCのノウハウは本業でも活きる

私たちFCの加盟店オーナーは、脱サラ組も異業種に既存事業をもつ経営者も、ラーメン屋経営については初挑戦の人がほとんどで、予備知識やラーメン屋づくりの経験はありませんでした。しかし、うまくスタートを切りました。

異業種出身の中小企業経営者は、その過程で学んだノウハウや知見を本業に活かすことができます。また、独立に初挑戦した脱サラ組も、ラーメン屋経営をスタートできた経験を活かして、2軒目、3軒目を開業したり、別の業界で新たな事業を立ち上げたりすることができると思います。

ラーメン屋を増店する場合を除けば、私たちが提供したラーメンのつくり方や塩分濃度の測り方といったノウハウは応用も転用も難しいはずです。ラーメンづくりのオペレーションやレイアウトの考え方などもラーメン屋にしか使えません。

しかし、ラーメン屋開業の過程ではもっと普遍的な知識も習得しています。ラーメン屋FC

は、繁盛するラーメン屋をつくるノウハウを提供します。さらに、その支援全体の仕組みのなかで**オーナーが経営改善や事業拡張に役立つような経営の本質的な要素を学び、身につけられるようになっている**のです。

例えば、視認性を重視する店づくりのノウハウは、店舗型の事業をする際に役立ちます。ラーメンづくりのマニュアルは異業種には使えませんが、従業員の育成マニュアルは業種や業界を問わず使えます。

数値化と言葉の定義によってミスコミュニケーションを減らす方法も習得しています。これもあらゆる仕事で使えるノウハウです。また、数値化によって詳細なマニュアルをつくることと併せて、パートの従業員だけで事業を回す方法も異業種で応用でき、人件費を抑えた事業拡大の実現に役立つと思います。

これらノウハウは汎用的で再現性が高く、経営者にとっては貴重な知見でもあります。異業種の経営者にとってラーメン屋ＦＣは事業の幅出しになりました。逆に、ラーメン屋ＦＣの経験は既存事業と経営の幅出しにつながり、経営の安定や事業の拡張に役立つのです。

クレド経営で一体感を醸成

ラーメン屋ＦＣで習得できるさまざまな知見やノウハウのなかで、異業種の経営者が本業で活かせる最も大きなものは**クレド経営**です。これはラーメン屋に関係なく使えます。

あらためてクレドについて整理すると、クレドはラテン語で志、約束、信条を意味する言葉です。この意味が転じて経営では従業員が心掛ける信条と、その信条に基づく行動指針を指しています。

また、クレド経営を確立することで従業員の一体感を醸成できますし、仕事に取り組む目標や目的が見えやすくなることによって従業員のモチベーションも高まります。会社として目指す姿を共有し、同じ方向に向かって突き進んでいくことができます。さらに、クレドにおいて会社が大事にする価値観を具体的な行動指針に落とし込むことで、その内容を業務のマニュアルや人事評価制度にも反映することができます。

例えば、私たちの会社は全16項目からなるクレドをつくっています。その一部を見ると、「チームプレー」については、長所を伸ばして短所を補い合い、チーム全体として最大の力を発揮すること、「できない理由を言わない」は、進化し続けるために言い訳をしないこと、「チャレンジ精神」は、すべての物事に対して「やります、やってみせます精神」を胸に行動すること、自分にとって損か得かを考える前にまずはやってみることと書いています。見て分かるとおり、どこにもラーメンは出てきません。このようなクレドをつくり、実行することで、どんな業界のどんな会社も成長につながる行動を全社で推進していくことができるのです。

理念やミッションとの結びつきが大事

クレドは会社を成長に導く行動指針です。その効果を期待して導入する会社も増えています。しかし、クレドをつくった会社が必ずしも期待した効果を得ているわけではありません。社長の思いつきや時流に乗ってなんとなくつくったクレドが浸透することなくお飾りになったり、形式的に朝礼で唱和するだけで、従業員の行動に何も影響を与えていなかったりするケースもあります。これは企業理念、パーパス、ミッション、バリューなどについても同じことがいえます。

クレドを効果的に使い、会社の変革や成長に結びつけるためには、クレドを実行することで会社や従業員がどう変わるかを明確にしなければなりません。また、トップダウンで「これがクレド」と掲げるのではなく、**従業員がその内容に納得し、行動したいと思うような内容**になっていることも大事です。

例えば、私たちの会社は、理念・信条をクレドとし、ミッション、ビジョンと結びつけています。ミッションは会社の存在意義を示すもの、ビジョンは会社が目指す姿を示すものです。

この3つの関係性は、まずクレドを実行することによってビジョン（お客様満足度100％実現します！）を達成できるようになります。また、ビジョンの実現に取り組み続けることがミッション（関わるすべての人々の心を元気にする）の達成につながります。

つまりクレドが示す行動を実行していけば、自然と自分たちが目指し、理想とする会社に変わっていけるということです。このような紐付けを明確にすることで、従業員はクレドの重要性を認識できるようになり、実行する気持ちも湧いてくるのです。

課題解決のフレームワークが分かる

私たちのラーメン屋FCでは、「知る」ことから始まり「分かる」「できる」「続ける」へとつなげていくステージも習得します。これもラーメン屋経営にとどまらず、人材育成、新規事業の立ち上げ、業務改善などさまざまな場面で活用できます。

新人の育成を例に考えてみると、まずは新人が何ができ、何ができず、何を理解していて、何を理解していないのかを把握するところが出発点です（知る）。相手の状態を把握したら、次になぜ理解できていないのか、どこでつまずいているのかを考えて、その理由と解決策を見つけます（分かる）。課題が分かれば、相手に伝わりやすい方法を試しながら教えます（できる）。これを繰り返すことで新人は育ち、教える側である自分も教えるスキルが高くなります（続ける）。

業務改善も同じです。まずは現状の業務の状況を把握し（知る）、どこに、どんな課題があるのかを理解し（分かる）、課題解決の方法を実践し（できる）、それを継続していくことで業務改善が進んでいきます（続ける）。

また、人材育成や業務改善などがうまくいかない場合、その原因は4つのステップのどこかでつまずいているということです。

そもそも課題が把握できていない、課題の本質が理解できていないこともあります。または解決策の実行方法に問題がある、継続的に取り組んでいく仕組みがないといったことが考えられます。

ラーメン屋の開業と経営を経験したオーナーは、市場の特性を把握したり、繁盛している理由を正しく見つけ出したりすることなどを通じて、4つのステップを順番に、かつ正しく進んでいく方法を理解しています。基本ができていれば、そのノウハウを活かして大小さまざまな課題も解決できるはずなのです。

中長期で事業を成長させられる

私たちのFCは、目先の利益ではなく、中長期的な視点をもって人に役立つラーメン屋を目指しています。この考え方は私たちの特徴の一つで、ラーメン屋経営以外においても大事な考え方です。

例えば、今日の売上目標に500円足りなかったとき、目先の利益を取りに行くタイプの人は、お客様に追加注文を聞きに行きます。「もう一品いかがですか?」「お代わりいりませんか?」と聞いて、どうにか売上目標を達成しようとします。

経営や営業の視点で見れば、そのような働き掛けも大事だと思います。しかし、私たちはそれはしません。売上が500円足りないのは店の事情であり、お客様には関係のない話だからです。そもそも売上が足りないからといって押し売りのような営業をすることそのものが、人の役に立っているとはいえず、自分目線で利己的な考えによるものといえます。

　私自身、独立する前に勤めていたラーメン屋では売上のことばかり考えていました。あといくら足りないのか、今月の目標までいくらかといったことばかり考えていました。そのうちに、自分目線で働くことに疑問を感じるようになり、独立します。

　独立してすぐに人の役に立つラーメン屋になろうと決めて、以来、お客様だけでなく、従業員、取引先、地域の人などに対しても自分が役に立てることはないか考えるようになりました。

　その延長線上にプロデュースがあります。知り合いのラーメン屋から経営の立て直しのアドバイスを求められ、人の役に立つならと思って協力するようになりました。今のＦＣも根本は同じです。一方には、ラーメン屋を開きたいと思いつつも、ノウハウがない、アイデアがないといった課題を抱えている人がいます。もう一方には私がいて、それら課題の解決を支援できます。そのマッチングを通じて人の役に立とうとしてきた結果、ＦＣの形になり、加盟店が増えたのです。

　そのような経緯があるため、私の第一の判断基準は人の役に立つかどうかです。人の役に立つことを最優先で考えていけばお客様満足度は高まります。自然と売上も増えるようになり、５００円の押し売りをしなくてもよい状態になるのです。

　この考え方は私たちのＦＣを通じてオーナーにも理解されています。そのため、オーナーも目先の利益にとらわれることなく、中長期で会社を育てていく意識がもてます。既存事業についても同じように考えることで、自然と売上が伸びる事業に変えることができますし、お客様、従業員、取引先、地域の人などに喜ばれながら、着々と事業を成長させていけるようになるのです。

大きな目標を掲げろ

重要なのは、目先ではなく未来を見据える目をもつことです。未来という言葉の時間軸は人それぞれです。私がどれくらい先を見据えるかというと、２００年後を見ています。

その頃には私はこの世に存在していません。しかし、今の私たちと同じように強い意志と覚悟をもって仕事に取り組む人や店を２００年後まで残すことはできます。

担担麺や鶏白湯の味を残すという意味ではありません。時代が変わればニーズが変わりますから、その頃には別の味のラーメンを提供しているかもしれません。ラーメン以外の何かを提供する会社になっている可能性もあります。

重要なのは、何を提供するかではなく、**どういう考え方で仕事やお客様や社会と向き合うか**

です。私たちが大事にしている人の役に立つという考え方を受け継ぐ人や加盟店が200年後も存在しているのがいいと思いますし、できればその数が今よりも増えていれば、その分だけ多くの人の役に立つわけですので、世の中全体にとってもいいことだと思います。

また、そのような未来を見据えて、ラーメン屋FCとして実現したいこともすでにいくつか決まっています。

まずはラーメン業界をもっと稼げるようにしたいと思っています。その意味は、単にお金を儲けたいということではなく、ほかのジャンルの料理と比べて低く見られることがあるラーメン店の地位向上を実現し、その評価基準の一つとしてラーメン店の稼ぎを増やしたいという意味です。

また、ラーメン屋経営は経営ですから、おなかと胸をいっぱいにするためにも、満足度を高めていくためにも、その取り組みをサステナブルにしていくために適正に稼げる業界でなければなりません。現場を見る限り、私はラーメン屋はもっと高い評価が得られるはずの仕事だと思っています。

そのような変革を目指して、具体的には、ラーメン1杯の値段を1000円以上にしたいと思っています。アルバイトやパートの平均時給も上げたいと思っていますし、私はその先頭集団で賃上げを実現していく立場となり、業界ナンバーワンの時給3000円を私の店の当たり前にしたいとも思っています。

そのような意志をもって取り組んでいけば、どこかで私の考えに共感する人が現れて、あとを引き継いでくれます。次の世代、その次の世代にもつながっていきます。そのリレーによって２００年後のラーメン業界が今よりも良くなっているだろうと思います。

また、私たちのＦＣのオーナーも、２００年後のラーメン業界を良くしたいという私の考えを共有し、本業においてもその視点で変革をもたらすかもしれません。業界の革命児になるかもしれません。そのような可能性も含めて、私たちＦＣとともにラーメン屋経営をすることは、本業に役立つ経営ノウハウの習得にとどまらず、その業界にはない視点、刺激、気づき、発想を得る機会になるだろうと思います。

素直な人ほど成長が早い

ラーメン屋経営は、ノウハウの習得から新たな気づきを得ることまで含め、オーナーの本業で役立つ要素が豊富だと思います。本業のみならず、新たな事業を創出する際にも応用できることが多いと思います。

一方で、オーナー当人の資質として、ラーメン屋開業を含む新たな事業で成功するポイントもあると感じます。例えば、FC本部として同じ内容の支援をしても、少ししか成長しない店があり、また、大きく伸びる店もあります。その差を生むのがオーナーであり、オーナーの考え方や姿勢が大きく影響していると思うのです。

まず大事だと思うのは、**素直さ**です。素直な人は、アドバイスなどを聞き入れ、やってみようと勧められたことを実行できる人です。

これはFCでは重要なポイントです。FC本部は繁盛店をつくるためのノウハウをもっています。加盟店はそのノウハウを活かすことで繁盛店がつくれます。基本的には提供されたノウハウをすべて、スピーディに実行することが店の成長につながります。

その関係性が成立しているため素直なオーナーは必要なノウハウをすべて吸収しますし、店も成長します。

反対に、変に利口な人は提供されたノウハウをそのまま受け入れることはせず、不要だと思って取り入れなかったり、自分なりの考えを入れ込んでアレンジしたりします。例えば「のぼり10本」という提案に対して「6本で十分や。経費が浮いた」と判断し、視認性が下がって売上が伸び悩みます。自分の判断で手書きのポップを店内に貼り、割烹系の高級感ある内装が急にチープになります。

当人なりの計算や算段があるのか、良い店をつくりたい熱意が空回りするのか、あるいはなんでも鵜呑みにして実行することへの抵抗感があったり、プライドが邪魔したりしているのかもしれませんが、ＦＣ本部からいうと、それが余計です。売上が伸びていない店は、ほぼ間違いなく、そのような自己流が邪魔しています。

また、アドバイスなどについて分からないことがあったとき、素直な人はすぐに連絡して質問します。分からないと認めることができ、すぐに質問する行動力があることも伸びるオーナーの共通点です。一方、素直さに欠ける人は分からないことがあっても自分なりの解釈で解決します。「多分、こういう意味だろう」と考え、その考えがだいたい間違っているのです。

そのような違いと、素直なオーナーの店が着々と伸びていく様子を見ながら、素直な人ほど学べるし変われるのだと実感します。なんでもかんでもＦＣ本部を頼るのも問題ですが、成長という点では、自己流を入れ込む人より頼り過ぎる人のほうが成長しやすいのです。

最後はオーナーの「覚悟」が問われる

伸びる店のオーナーの２つ目の共通点は**覚悟**です。決めたことをやり抜く強い意志、目的意識、責任感、使命感の強さがあります。

例えば「知る」「分かる」「できる」「続ける」の4つのステージでは、「できる」と「続ける」の間に大きな壁があります。筋トレやダイエットや貯金と同じで、やると決めたことを1、2度やることは簡単です。難しいのは、それを習慣化するまで続けることです。「できる」と「続ける」は、1、2度「できる」（できた）人と永遠に「できる」人くらい大きな違いがあるのです。

この差を埋めるのがやり切る覚悟だと思います。面倒だ、つらい、やりたくないと思ったとしても、やり切る覚悟で続けられるのです。

私もこの点には自信があります。人の役に立つラーメン屋になるまでやり切る覚悟があります。そういうラーメン屋を増やすという使命感もあります。

だから、「ラーメン屋にクレドは必要か」「味を磨くほうが大事じゃないか」と言われてもクレドにこだわり、その重要性を言い続けることができました。

さらに昔を振り返ると、自分にとって2軒目となったラーメン屋は、立地条件が非常に悪い物件でした。駅から歩いて20分掛かりますし、かといって駐車場は数台しか止められませんし、視認性も悪いし、思い返してみても長所が全然ない物件でした。

その物件を借りたのは、資金面でその店しか借りられなかったからです。立地が悪いためお客様が増えず、移転したいと思いましたが、立ち退く資金も引っ越す資金もなかったためその場所で踏ん張るしかありませんでした。

経営状態は非常に厳しかったのですが、ただ、人の役に立つラーメン屋をつくるという意志はあり、与えられた場所でやり抜こうと覚悟しました。そのおかげで徐々にお客様が増え始め、テレビ取材を受けて認知度が上がり、繁盛店になる道が拓けたのです。

当時、移転する資金があったとしたら、おそらく移転していましたし、その後の成長もFCもなかったかもしれません。

売上が伸び悩んでいるオーナーのなかには、立地が悪いから、視認性が悪いからという人がいます。しかし、そういう人の店でも私の店舗と比べればはるかに好立地です。

そのような愚痴を聞くたびに、私はやり抜く覚悟が足りないと思います。精神論に聞こえるかもしれませんが、覚悟が決まっていれば道は拓けますし、**最後までやり切る覚悟ができている人が勝つ**ということをオーナーに知ってほしいと思うのです。

決断力がチャンスにつながる

オーナーに必要な3つ目の要素は、「決断力」です。カッコよく言えば大胆に意思決定できる思い切りの良さ、軽く言えば勢いであり、ノリです。

経営をしていると、その後の自分や会社に大きく影響するような決断の瞬間が訪れるものです。事業の方針を変える、戦略を変える、考え方を変えるなど、大きく成長するため、また商圏内で勝ち抜くために自分の判断で自分を大きく変えなければならないときがきます。

そのときに、**伸びる人は即決します。**決断を渋って後回しにする人はチャンスを逃します。即決できる人は、深く考えないのかもしれませんし、考えても仕方がないと思っているのかもしれません。つまりノリです。勘と運に任せているようにも見えます。

そのような意思決定を戦略的ではないと思う人も少なくないと思いますが、「ファーストチェス理論」によれば、チェスの名人が5秒で考えた打ち手と、30分で考え抜いた打ち手の86％は同じという話もあります。時間を掛けて考えたところで、高確率で最初の判断と同じになるのであれば、最初から熟考せずに意思決定するのも一つの手ですし、時間を無駄にせずにチャンスを取りに行くという点では戦略的ともいえるのです。

私たちのクレドにも「0・2秒の返事」という項目があります。もし誰かに何かを頼まれたときは0・2秒で「はい」と返事をする、というものです。0・2秒を超えると損得勘定が生まれます。どちらが得か考えるようになり、意思決定が遅れます。それを避けるために、とりあえず引き受けます。引き受けてからやり方を考え、試行錯誤することが、結果として自分の成長につながることも多いのです。

私たちのFCの加盟店になるオーナーも、熟考して決めた人がいれば、「やってみたい」「面白そう」と直感して即決したオーナーもいます。この2者で比べると、**繁盛店をつくるのは即決したオーナーのほうが多い**といえます。

また、即決する人の共通点として、損得勘定よりも自分が変われるかを重視する傾向があります。変化は進化になり、変化することでしか成長しません。そのことが分かっているから、新しい事業を始めたり、未経験の業界に飛び込んだりすることを恐れませんし、新しい発見をすることにワクワクしながら前向きに挑戦できます。つまり楽しむ、前向き、挑戦意欲を高くするといった成長する人がもっている要素がそろうのです。

FCは出店計画、コンセプト決定、営業支援などをFC本部が行いますから、自力で出店する場合と比べて大きなリスクにはなりません。その点では熟考せずに即決してもよいと思います。

ただ、FC本部はあくまで商材やノウハウの提供を通じてオーナーを支援する立場で、お客様を満足させ、従業員を育て、良い店をつくっていく主人公はオーナーです。私が接客することはできませんし、私がお客様の満足度を上げることもできません。

それはオーナーの役目であり、オーナーが育てる従業員の役目です。ＦＣ本部のサポートを受けながら安定的に店を育てるのもよいですが、オーナーが自分の素養を磨き、活かすことで、成長のスピードは速くすることもできるのです。

おわりに

私たちは「人の役に立つラーメン屋」を掲げて事業を展開しています。ミッションもビジョンもクレドも、また、FC加盟店の支援から直営店での従業員教育に至るまで、あらゆることを「人の役に立っているか」という視点で見ています。

この方針を決めたのは私です。私個人が人の役に立つことを人生の目標とし、それを会社の方針にも反映させようと考えたからです。

人の役に立つと意識したのは、1人目の娘が生まれるときに観た『かみさまとのやくそく』というドキュメンタリー映画でした。これは胎内記憶をテーマとした映画で、小さな子どもたちにおなかの中にいたときの記憶について聞きます。生まれる前はどこにいたか、そこからどんな景色が見えたか、両親は見えたかといったことを聞き、胎内記憶を探っていくわけです。

その流れでインタビュアーが「あなたは何のために生まれてきたの?」と聞きます。

質問を聞いて、私自身がその問いの答えをもっていないことに気づきました。

家族のため、これから生まれてくる子どものためといった答えが浮かびますが、何かが違う気がします。仕事のため、お金を稼ぐためといった答えも浮かびましたが、それは生きるための手段であり、目的ではないなと思いました。

そもそも自分が何のために生まれてきたのか真剣に考えたことはなく、考える機会がないまま大人になっていたのです。

難しい質問やなあと思いました。しかし、子どもたちには簡単でした。

言い方や表現は子どもによって違いますが、登場する子どもたちは総じて「人の役に立つため」と答えたのです。

それから数年経って、喋れるようになった長女に同じ質問をしてみたところ、長女は「自分が生まれたらみんな喜ぶから」と答えました。表現方法こそ違いますが、要するに人が喜ぶから生まれたということで、人の役に立つためという意味でした。

また、その数年後に生まれた次女にも聞いてみたところ、次女は「私が生まれて、みんなうれしいやろう?」と答えました。つまり自分が生まれることによってみんなに喜んでほしいという意味で、人の役に立つということなのです。

これに感銘を受け、以来、私は「人の役に立つこと」を自分のミッションにしようと決めました。また、人の役に立つことを会社の重要な役割と位置付けて、お客様、従業員、知り合った人たちと共有していこうと考えたのです。

ＦＣの仕事では、業種、業界、年齢などの面でさまざまな人に会います。ラーメン屋を開く動機もさまざまで、個人であれば、自分の店をもちたい、収入を増やしたい、ラーメンが好きだからという人がいますし、ここ数年で増えている経営者は、守りの経営で既存事業のリスク分散を考えている人がいれば、攻めの経営で事業ポートフォリオの拡大を目指す人もいます。

そのような話を聞きながら思うのは、動機をもう一歩掘り下げてみたら、**人の役に立ちたいという答えがあるのではないか**ということです。

例えば、収入を増やしたいという動機の根底には、収入を増やして誰かを幸せにしたいという気持ちがあるのではないでしょうか？　既存事業のリスク分散という動機の根底には、会社を盤石にして従業員を守りたいという気持ちがあるのではないでしょうか？

私はこれからも人の役に立つことを自分のミッションとし、人の役に立つラーメン屋をつくっていきます。

その過程では、私の考えに共感する人を多く集めて、ラーメン業界全体を良い方向に変えていく仲間を増やしたいと思っています。

『かみさまとのやくそく』の話を知って、自分も人の役に立ちたいと思っているかもしれないと感じたのであれば、あなたも同志です。

本書を読んで「納得できた」「そのとおりだ」と思ったあなたは、一緒に成長できる仲間です。

新しい自分に変わりたい、新しい自分を発見したいという気持ちがあるなら、臆することなく私たちラーメン屋FCの門を叩いてほしいと思っています。

ドキュメンタリー映画で子どもたちが証言していたように、あなたも本当に人の役に立つために生まれてきたのかもしれません。

だとしたら、私たちのラーメン屋は世の中を席巻します。

ラーメン業界が、街が、日本が、世界全体が、人の役に立つラーメン屋が1軒でも多く増えることを熱望しているのです。知らんけど。

（株）お客様みなさまおかげさま
島やん隆史（島田隆史）

【著者プロフィール】

島やん隆史 （しまやん・たかふみ）

本名、島田隆史。高校卒業後、夢も何もなかったが、ラーメン店で働いているときに水の状態からスープをつくり、そのラーメンを食べたお客様の反応に感動を覚え2009年に独立を決意。神戸の直営店舗のENISHIはミシュランビブグルマンを受賞、全店舗のコンセプトを変えることで立地に合う商品とブランドを提供している。2018年にはシンガポールに出店し大繁盛、2021年から本格的に海外FCを展開。現在は年商7億円のラーメン店社長（グループ15億円）として、国内60店舗・海外1店舗を経営し、YouTuberとしての活動、「令和の虎」出演など幅広く活躍している。

本書についての
ご意見・ご感想はコチラ

商売繁盛！年商一億！
FCやるなら“島やん流”ラーメン経営

2023年9月21日　第1刷発行

著　者　　島やん隆史
発行人　　久保田貴幸

発行元　　株式会社 幻冬舎メディアコンサルティング
〒151-0051　東京都渋谷区千駄ヶ谷4-9-7
電話　03-5411-6440（編集）

発売元　　株式会社 幻冬舎
〒151-0051　東京都渋谷区千駄ヶ谷4-9-7
電話　03-5411-6222（営業）

印刷・製本　中央精版印刷株式会社
装　丁　　弓田和則
カバー写真　田島雄一

検印廃止

ISBN 978-4-344-94720-7 C0034
幻冬舎メディアコンサルティングＨＰ
https://www.gentosha-mc.com/